童行1000天

0—3岁

《童行1000天》编撰委员会 著

SJPC 上海三联书店

图书在版编目（CIP）数据

童行1000天 /《童行1000天》编撰委员会著．—上海：上海三联书店，2023.5
ISBN 978-7-5426-8057-0
Ⅰ.①童…　Ⅱ.①童…　Ⅲ.①婴幼儿-早期教育　Ⅳ.①G61

中国版本图书馆CIP数据核字（2023）第051274号

童行1000天

著　　者 /《童行1000天》编撰委员会
责任编辑 / 陈马东方月
装帧设计 / 徐　徐
监　　制 / 姚　军
责任校对 / 王凌霄

出版发行 / 上海三联书店
(200030) 中国上海市漕溪北路331号A座6楼
邮　　箱 / sdxsanlian@sina.com
邮购电话 / 021-22895540
印　　刷 / 上海南朝印刷有限公司
版　　次 / 2023年5月第1版
印　　次 / 2023年5月第1次印刷
开　　本 / 787×1092　1/12
字　　数 / 100千字
印　　张 / 8 1/3
书　　号 / ISBN 978-7-5426-8057-0/G·1673
定　　价 / 78.00元

敬启读者，如发现本书有印装质量问题，请与印刷厂联系021-62213990

编撰委员会

内容主创

Mustela®
妙 思 乐

诞生于1950年，妙思乐由专业医药背景的法国科延公司所创立，是法国No.1婴童洗护品牌。成立73年来，妙思乐的使命始终如一：做父母们强大的后盾，让他们的育儿生活更加轻松。妙思乐拥有数十年研究新生儿娇嫩肌肤方面的专业经验、独特的萃取天然有机成分的专业技术和专利，其产品畅销全球130多个国家，为世界各地宝宝和他们的家人提供专业皮肤护理。

设计研发

谭静远
造点共益设计咨询合伙人

阮焕雅
共益设计师

张力行
共益设计师

梁梦旋
视觉设计师

专家顾问

崔玉涛医生——国内著名儿科专家，从事儿科临床工作近四十年、育儿科普工作二十年，著有代表作品《崔玉涛育儿百科》、《崔玉涛自然养育法》、《崔玉涛图解家庭育儿》等。2016年，崔玉涛医生于北京成立北京崔玉涛诊所，并组建自己的团队，开设儿全科、眼科、耳鼻喉科、皮肤科、口腔科、康复科、儿童生长发育测评、心理咨询等众多临床科室及检验科、放射科、药房等辅助科室。提供全方位的健康咨询、疫苗、常见疾病等儿童及家庭日间预约制咨询、诊疗服务。诊所结合新一代母婴家庭所需要的母婴健康知识，为广大家庭提供科学专业、综合全面的儿童健康管理知识。从婴儿期至青少年期，提供全维度的健康指导，帮助万千中国母婴家庭实现快乐养育。

童行1000天
互动说明

亲爱的家长们：

恭喜您，将与宝宝共度神奇的“出生后的1000天”！在这1000天里，宝宝的身体和大脑会飞速发育，您的互动和回应方式也将帮助宝宝塑造对这个世界的**“初印象”**，及**爱与被爱的“初体验”**。

在这本书中，您将发现一系列有趣、易上手、适合不同年龄段宝宝的**亲子互动游戏**。您可以参考这些游戏，**每天花10–15分钟**与宝宝进行高质量互动，或根据实际情况改造成适合你们的游戏。希望各位家长在陪伴宝宝身心健康成长的同时，也能见证更多宝宝的变化瞬间，累积独一无二的家庭回忆！

愿每位家长都能在宝宝的陪伴下，成为更幸福的大人；愿每位宝宝的成长都能“事事有回应”，让爱成为生命最初的记忆。

1 每周一起看育儿护理指南

2 一起和宝宝互动

3 打钩记录

还能做些什么？

把游戏里的工具换成家里物品

给宝宝讲一个背景故事再开始玩

用您喜欢的任何方式标记任务及完成日期

在任意空白处写下你们的故事或感受

1、2、3拍照记录珍贵一刻

参考以下儿童早期发展评估标准：

- 中国卫健委《0岁—6岁儿童发育行为评估量表》
- WHO儿童早期发展养育照护框架

目录

陪伴宝宝一路成长，
惊喜、甜蜜、欢笑相随。
从惊慌、生气、手足无措，
到懂得、熟练、易如反掌。
宝宝的成长，你（们）的成长，
为每一次的进步，做个纪念吧！

记录成长的足迹，
承载出一份专属的美好回忆。

m

1个月

宝宝微笑了

2个月

宝宝抬头了

给宝宝拍嗝

3个月

宝宝笑出了声

4个月

跟宝宝一起照镜子

5个月

宝宝独立翻身自如

宝宝会发出"咿咿呀呀"声

任务10个，
待解锁！

6个月

宝宝会坐了

第一次独自给宝宝洗澡

9个月

宝宝会爬了

12个月

在宝宝的陪伴下过生日

宝宝叫爸爸和妈妈

18个月

宝宝能自己较稳地走路

和宝宝一起乱涂乱画

24个月

宝宝在镜子里认出了自己

和宝宝一起做家务

30个月

宝宝会自己穿衣服、裤子或鞋子

和宝宝玩过家家

36个月

宝宝能说完整的短句子

玩宝宝发明的游戏

人生最美好的1000天

从

宝宝出生照片贴这里！

开启！

未来一个月的成长任务

0个月-1个月

我想说……

宝宝解锁

 宝宝微笑了 / /

 宝宝能看见黑白和重影 / /

爸妈解锁

 给宝宝消毒肚脐 / /

 给宝宝换尿布 / /

我想说……

和宝宝一起
拍张全家福

/ /

庆祝宝宝满月

/ /

看见世界

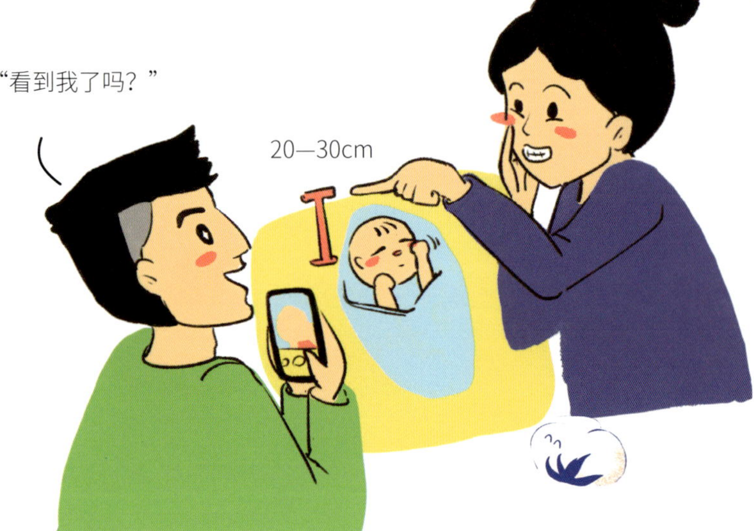

本周互动

挥挥手

将手指放在宝宝眼睛上方，观察宝宝是否会用眼睛追视大人的动作，眼珠左右缓慢横移。

本周互动

唱起熟悉的歌

沐浴后，用干净温暖的双手轻抚宝宝全身，同时给宝宝唱轻柔的歌。

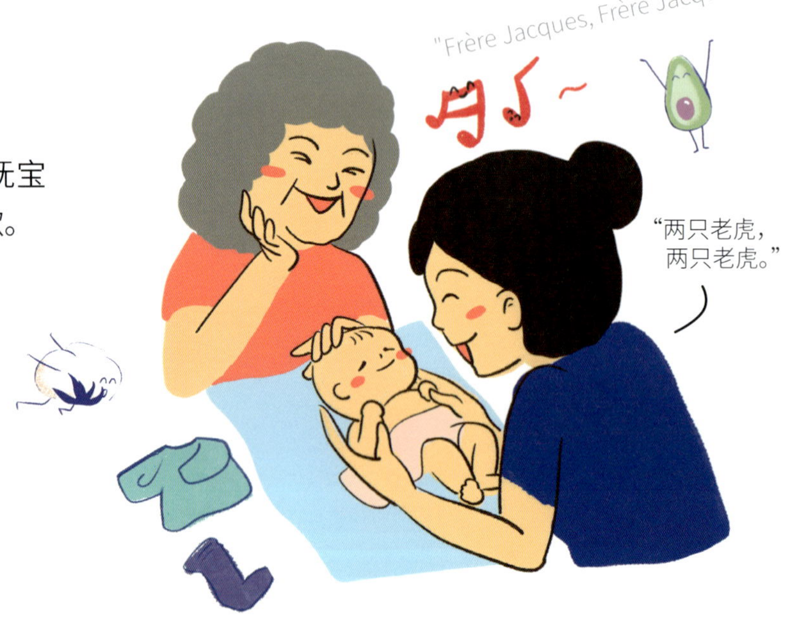

01个月

宝宝1个月时

- 不会主动做动作，视力尚未发育成熟，但会无意识地笑或模仿大人表情。
- 睡眠时间很长，用哭表达诉求。肚子饿了、感到害怕和不安时都会哭。

陪伴的目标

家人的声音或轻柔的抚摸动作，会给予宝宝安全感。每天抽10—15分钟，轻柔地抚摸宝宝吧！

看见世界

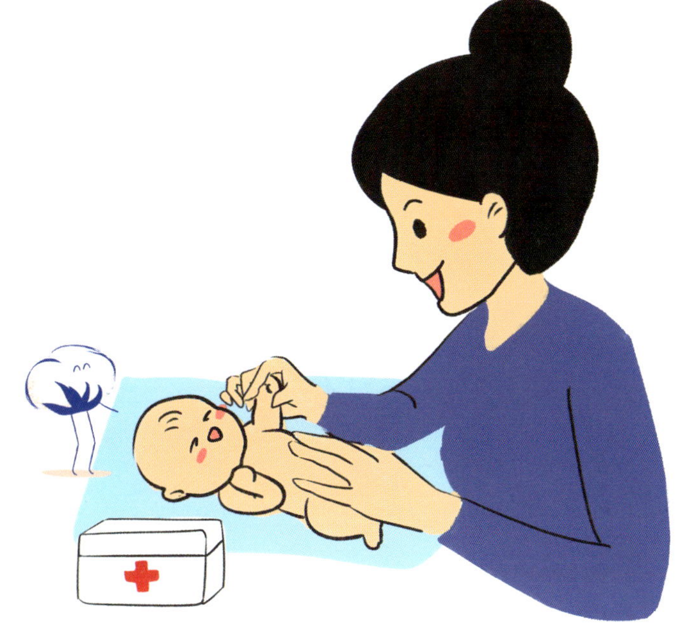

本周互动

轻轻按摩腹部

给宝宝擦拭脐带消毒后，顺时针轻揉宝宝腹部，按摩、抚触宝宝的手和脚，用日常的音调说：“你好棒！”

本周互动

微笑对视

喂奶时，笑着凑近宝宝的脸，凝视宝宝的眼睛、温柔呼唤宝宝的名字，说：“我在这里。”

小贴士

宝宝还在妈妈肚子里时，最熟悉的是妈妈的声音，这也是宝宝安全感的最大来源。新生宝宝，在最初与外界接触时，多听熟悉的声音，可帮助宝宝逐步扩展新的安全感范围。

01个月

宝宝1个月时

- 不会主动做动作，视力尚未发育成熟，但会无意识地笑或模仿大人表情。
- 睡眠时间很长，用哭表达诉求。肚子饿了、感到害怕和不安时都会哭。

陪伴的目标

家人的声音或轻柔的抚摸动作，会给予宝宝安全感。每天抽10—15分钟，轻柔地抚摸宝宝吧！

本周互动

描述下一个动作

洗澡时，一边给宝宝轻轻揉搓全身，一边给宝宝描述不同的身体部位，让宝宝听见并理解你在做什么，感受到被关爱，如：“现在我们先来给宝宝洗头，然后洗手手哦！”

小贴士

跟宝宝互动时，把指甲剪干净，以免伤到宝宝娇嫩的肌肤。

本周互动

感受柔软的触感

用柔软的玩具或纱布巾的一角，从宝宝脸上轻抚而过，让宝宝感受微风和玩具的触感。

宝宝1个月时

- 不会主动做动作，视力尚未发育成熟，但会无意识地笑或模仿大人表情。
- 睡眠时间很长，用哭表达诉求。肚子饿了、感到害怕和不安时都会哭。

陪伴的目标

家人的声音或轻柔的抚摸动作，会给予宝宝安全感。每天抽10—15分钟，轻柔地抚摸宝宝吧！

看见世界

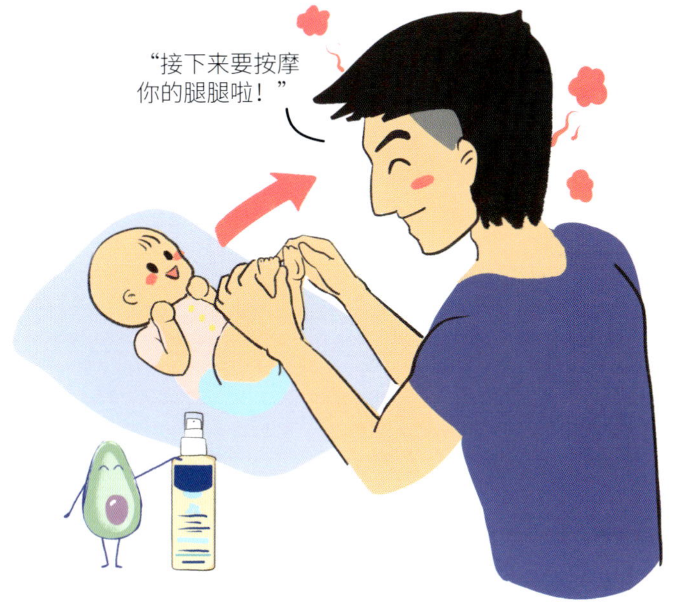

本周互动

按摩腿部

换尿布时，给宝宝进行腿部按摩和脚部按摩，并向宝宝描述你在做的每一步。

本周互动

最爱黑白卡

用黑、白大卡纸剪出不同形状的图像或太极阴阳图，当宝宝仰躺着时，在宝宝眼前展示、缓慢左右横移卡片，吸引宝宝追视。

小贴士

新生儿只能看见黑白的模糊影像，因此格外喜欢黑白的简单图形。

宝宝 1 个月时

- 不会主动做动作，视力尚未发育成熟，但会无意识地笑或模仿大人表情。
- 睡眠时间很长，用哭表达诉求。肚子饿了、感到害怕和不安时都会哭。

陪伴的目标

家人的声音或轻柔的抚摸动作，会给予宝宝安全感。每天抽 10—15 分钟，轻柔地抚摸宝宝吧！

01 个月

未来一个月的成长任务

1个月－2个月

宝宝解锁

宝宝跟着声音移动目光　／　／

宝宝发出“啊哦呃”等母音　／　／

我想说……

宝宝抬头了　／　／

我想说……

爸妈解锁

被宝宝下意识握住手指（握持反射）　／　／

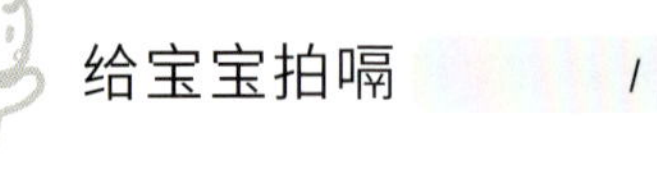

给宝宝拍嗝　／　／

半夜给宝宝喂奶　／　／

开始抬头

本周互动

用宝宝的发声回话

宝宝发出“啊、呜”的声音时，用兴奋的音调回应，或学宝宝的声音来回应宝宝，表示：“我听到你说的啦。”

本周互动

瞧！玩具去哪儿

宝宝趴着时，把色彩鲜艳、发出声音的大玩具放到宝宝前方，并发出逗弄的声音，吸引宝宝向前看。

宝宝 2 个月时

- 只能看见 30—40 厘米的距离，建议贴近宝宝说话或者多抚摸宝宝。
- 常发出“啊、噢、呃”等简单的声音，会自己微笑且会被逗笑。

陪伴的目标

和宝宝近距离互动，能让宝宝感受到我们的爱，慢慢产生安全感。每天抽 10—15 分钟，跟宝宝说说“爱”吧！

2 个 月
第 2 周

开始抬头

本周互动

听熟悉的胎教曲

反复唱相同的儿歌给宝宝听（尤其是胎教时期经常唱和播放的歌），熟悉的旋律能增强宝宝的兴趣和安全感。

本周互动

出门！跟花花世界打招呼

天气好的时候，带宝宝出门晒太阳，让宝宝感受户外的温度和环境。

小贴士

宝宝肌肤娇嫩，外出时要注意防晒！6 个月以下的宝宝可采取物理防晒，如穿长袖衣物、戴遮阳帽等；6 个月以上可以开始使用宝宝专用防晒霜，注意选用安全不刺激的产品。

宝宝 2 个月时

- 只能看见 30—40 厘米的距离，建议贴近宝宝说话或者多抚摸宝宝。
- 常发出“啊、噢、呃”等简单的声音，会自己微笑且会被逗笑。

陪伴的目标

和宝宝近距离互动，能让宝宝感受到我们的爱，慢慢产生安全感。每天抽 10—15 分钟，跟宝宝说说“爱”吧！

02 个月

m

开始抬头

本周互动

澡后的全身抚触

给宝宝洗澡时，给宝宝做一套全身抚触，记得使用抚触油并确保室内温暖哦！

小贴士

在换衣、洗澡和护理期间，尽量与宝宝交谈，爱抚宝宝，温度控制在 26°C为宜。

宝宝 2 个月时

- 只能看见 30—40 厘米的距离，建议贴近宝宝说话或者多抚摸宝宝。
- 常发出“啊、噢、呃”等简单的声音，会自己微笑且会被逗笑。

陪伴的目标

和宝宝近距离互动，能让宝宝感受到我们的爱，慢慢产生安全感。每天抽 10—15 分钟，跟宝宝说说“爱”吧！

02 个月

抚触(按摩)口诀

1 打个招呼，握握小手，
按按额头，摸摸小脸，
我们开始舒服舒服咯~

2 小胳膊揉揉，
1-2-1，1-2-1；

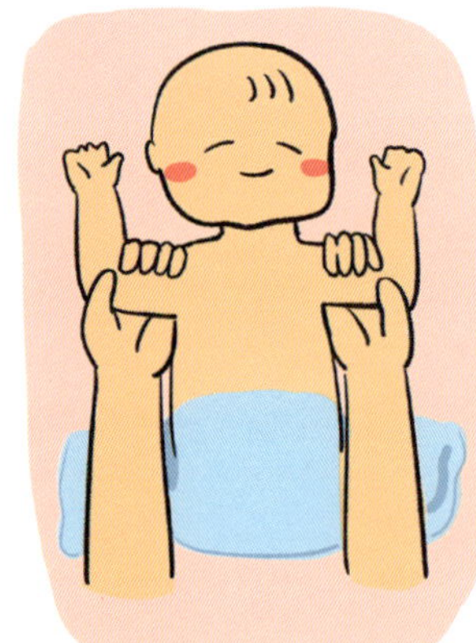

3 肩膀往下画圈圈，呼吸畅通又舒展；
小肚子顺时针揉揉，睡得香；

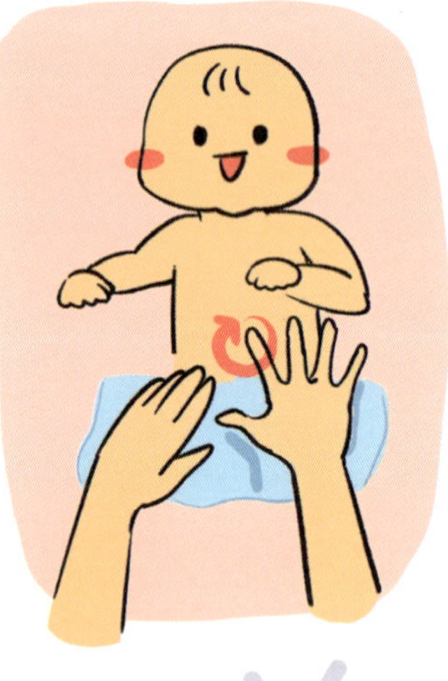

4 妈妈给你揉揉腿，妙龄少女大长腿；
爸爸给你揉揉腿，帅小子个高又有力；

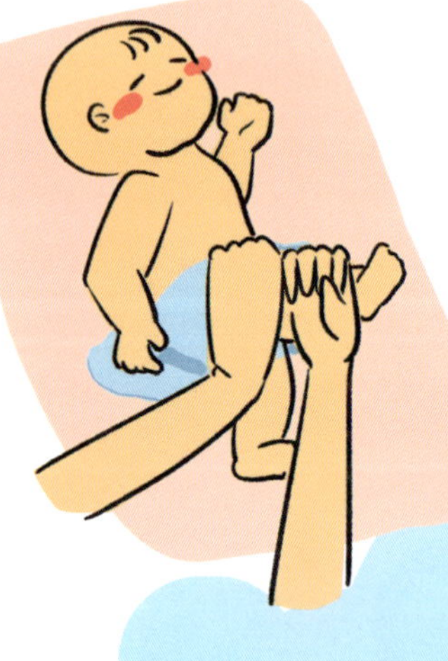

5 翻个身，揉揉背，
乖乖长大，干啥都不累；

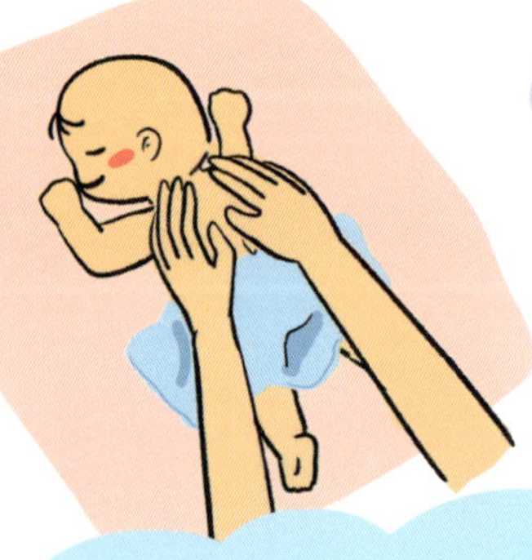

6 揉揉脖子，揉揉脑袋，
聪明伶俐，人见人爱。

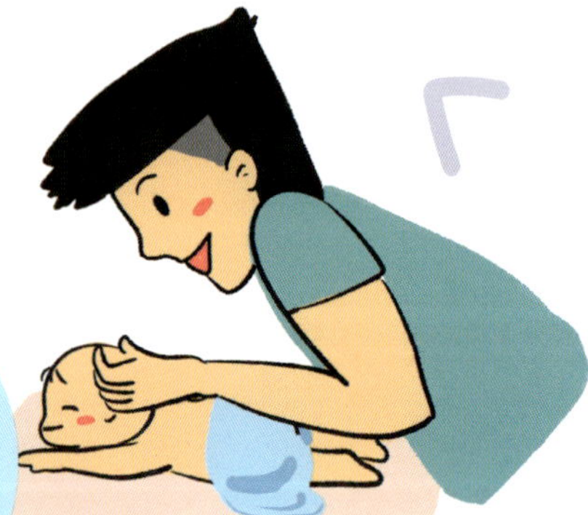

本周互动

123！ 全家合照

对着镜子拍全家福，引导宝宝看镜子里的人，并夸奖宝宝：“你真好看！”

本周互动

卷动宝宝翻身

让宝宝仰躺在小被子上，拉着被子的一边，带宝宝慢慢地翻过身去。

宝宝 2 个月时

- 只能看见 30—40 厘米的距离，建议贴近宝宝说话或者多抚摸宝宝。
- 常发出“啊、噢、呃”等简单的声音，会自己微笑且会被逗笑。

陪伴的目标

和宝宝近距离互动，能让宝宝感受到我们的爱，慢慢产生安全感。每天抽 10—15 分钟，跟宝宝说说“爱”吧！

未来一个月的成长任务

2个月—3个月

100天合照啦

宝宝解锁

- 宝宝笑出了声 / /
- 宝宝能握住勺子柄了 / /
- 宝宝左右转头 / /

我想说……

宝宝满100天
庆祝合照

/ /

爸妈解锁

- 给宝宝剪指甲 / /
- 给宝宝做全身抚触 / /
- 每天跟宝宝聊天 / /

我想说……

本周互动

一起“啊喔”

学宝宝说话，模仿宝宝发出的“啊、喔”等声音。

本周互动

小手握细柄

把拨浪鼓柄或者一把勺子放到宝宝手掌中，让宝宝练习握住。

小贴士

宝宝握住细柄物件玩耍时，大人不要离开，以防宝宝误伤自己。

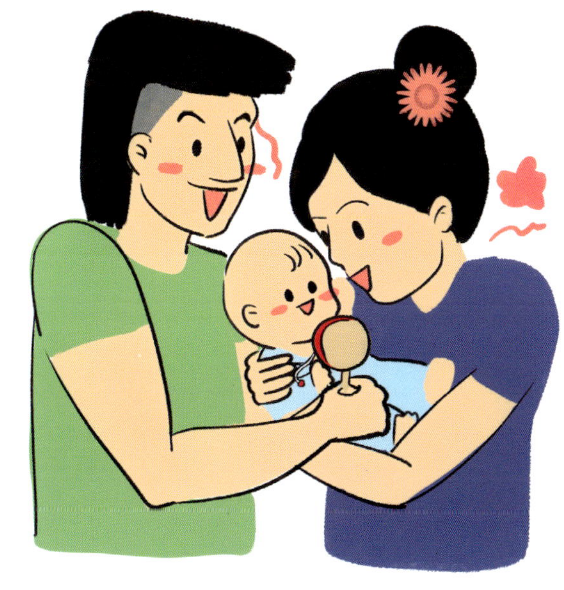

宝宝3个月时

- 头会跟随眼前的玩具左右转动，专注力也更强了。
- 喜欢双手搭在胸前玩，见到熟悉的亲人会咯咯笑。

陪伴的目标

通过细微物件的移动，帮助宝宝锻炼颈部、手指和眼睛。每天抽10—15分钟，将手指放在宝宝眼睛上方，鼓励宝宝抓握吧！

03个月

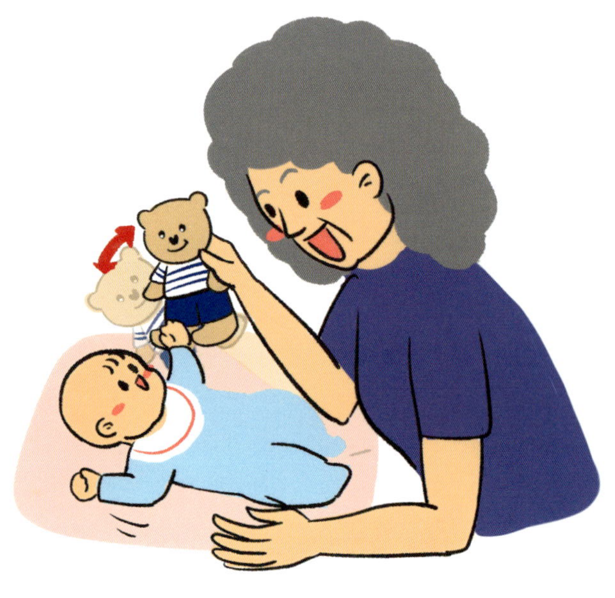

本周互动

玩具来了，玩具走了

将玩具逐渐靠近宝宝，然后突然停住，或左右移动，让宝宝目光紧追玩具。

小贴士

宝宝能看见彩色了，选择颜色鲜艳的玩具或物件跟宝宝互动，充分吸引宝宝的注意力。

本周互动

左转头，右转头

拿着宝宝喜欢的玩具，从左到右移动，当宝宝的头转到 180 度时，开心地夸宝宝：“哇，我们解锁新世界了！”

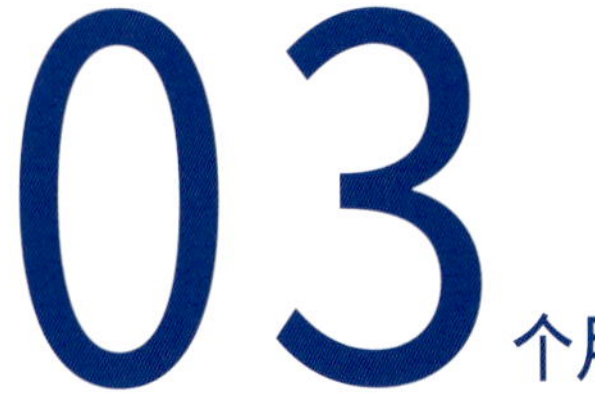

宝宝 3 个月时

- 头会跟随眼前的玩具左右转动，专注力也更强了。
- 喜欢双手搭在胸前玩，见到熟悉的亲人会咯咯笑。

陪伴的目标

通过细微物件的移动，帮助宝宝锻炼颈部、手指和眼睛。每天抽 10—15 分钟，将手指放在宝宝眼睛上方，鼓励宝宝抓握吧！

m

笑

本周互动

录制宝宝舒服的笑声

给宝宝换衣服时做全身抚触按摩，并配合使用抚触油，同时用录音软件录制宝宝的笑声。

小贴士

新生儿的皮肤屏障功能尚未发育完全，需要 1—2 年才能逐渐完善免疫和代谢功能。可选择低敏性的婴儿护肤产品，为宝宝获得强健的肌肤打好基础。

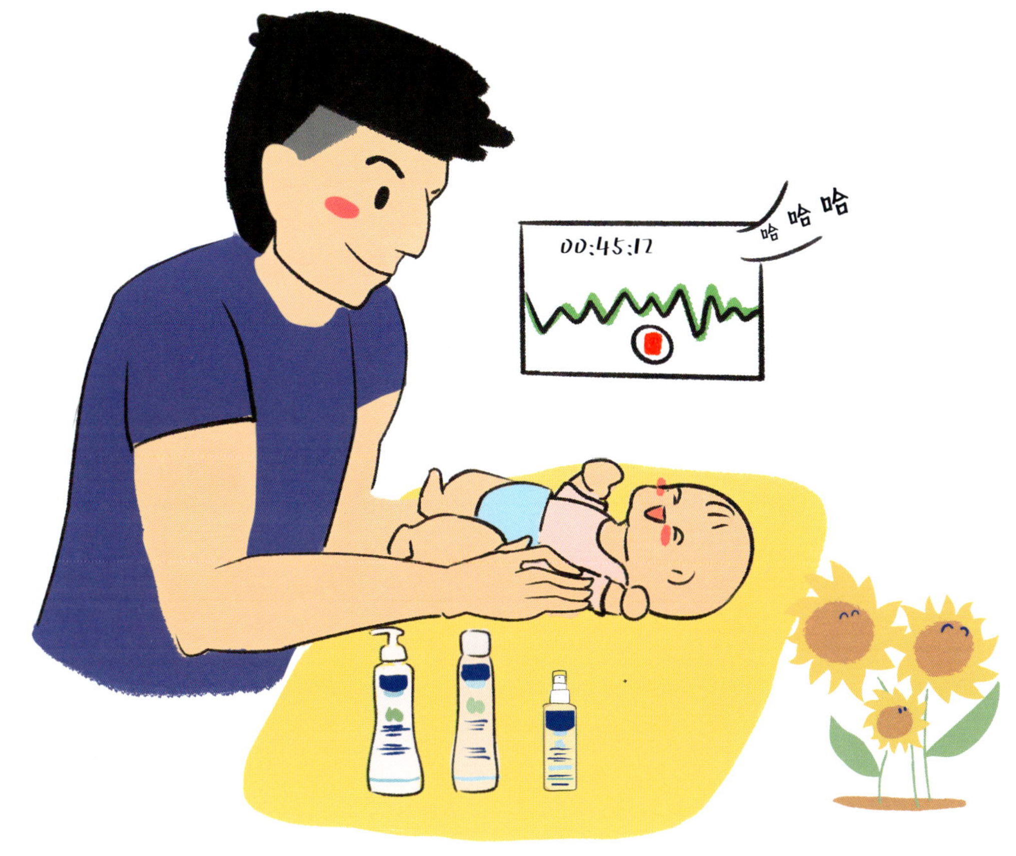

03个月

宝宝 3 个月时

- 头会跟随眼前的玩具左右转动，专注力也更强了。
- 喜欢双手搭在胸前玩，见到熟悉的亲人会咯咯笑。

陪伴的目标

通过细微物件的移动，帮助宝宝锻炼颈部、手指和眼睛。每天抽 10—15 分钟，将手指放在宝宝眼睛上方，鼓励宝宝抓握吧！

笑

本周互动

毛巾版躲猫猫

用薄毛巾挡住宝宝的脸或大人的脸，然后掀开，跟宝宝玩躲猫猫游戏。

本周互动

讲拟声词多的故事

让宝宝靠在自己腿上，看着宝宝的眼睛，讲一个拟声词多的故事，如“叽叽呱呱”、“咕咕”、“叮叮当”。一边讲故事一边看着宝宝、抚摸宝宝身体。

> 小贴士
>
> 2—3 个月的宝宝，不仅能笑出声，还会发出“啊、噢、呃”等简单声。

个月

宝宝 3 个月时

- 头会跟随眼前的玩具左右转动，专注力也更强了。
- 喜欢双手搭在胸前玩，见到熟悉的亲人会咯咯笑。

陪伴的目标

通过细微物件的移动，帮助宝宝锻炼颈部、手指和眼睛。每天抽 10—15 分钟，将手指放在宝宝眼睛上方，鼓励宝宝抓握吧！

未来一个月的成长任务

3个月－4个月

宝宝解锁

宝宝会吃手指　　/　/

宝宝能看见彩色　　/　/

宝宝认识熟悉的亲人　　/　/

爸妈解锁

给宝宝唱儿歌　　/　/

跟宝宝　起照镜了　　/　/

本周互动

小脚朝天“踏步走”

换尿布后，托住仰躺着的宝宝的脚掌，使其轻轻弯曲、有节奏地交替推起，让宝宝体验走路的感觉，嘴里喊：“起步走，一二，一二！”

本周互动

挠挠小手掌

把食指放到宝宝的手掌上挠一挠，跟宝宝玩手掌打开、合拳、击掌的游戏，感受小手的力量！

04 个月

宝宝 4 个月时

○ 头可以抬起 90 度，喜欢伸手抓东西和把东西放到嘴里。
○ 能看见彩色，常常发出“咿咿呀呀”的声音，能辨认熟悉的亲人。

陪伴的目标

刻意给宝宝制造模仿大人的机会，从面部表情开始。每天抽 10—15 分钟，跟宝宝进行面对面互动，让宝宝学习和建立情感表达吧！

开始抓东西

本周互动

玩偶表演秀

让宝宝趴着，拿玩偶在宝宝头顶斜前方演唱儿歌，引导宝宝抬头看：“小熊想给宝宝展示一个才艺！”

小贴士

这个年龄段的宝宝喜欢抓东西，在床上摆放玩具或柔软的物品（如袜子）让宝宝抓一抓、碰一碰。

本周互动

感知颜色变化

收集家中大片的黄、红、蓝、绿色的物品，教宝宝学颜色：“这是过年的红色”“那是大树的绿色”。

小贴士

天气好时，多带宝宝出门，观察大自然里花草树木的颜色。晒太阳有助于宝宝吸收维生素 D，但由于婴儿皮肤娇嫩，仍处于形成自我防护的阶段，大人也要注意给宝宝防晒哦。

04 个月

宝宝 4 个月时

- 头可以抬起 90 度，喜欢伸手抓东西和把东西放到嘴里。
- 能看见彩色，常常发出“咿咿呀呀”的声音，能辨认熟悉的亲人。

陪伴的目标

刻意给宝宝制造模仿大人的机会，从面部表情开始。每天抽 10—15 分钟，跟宝宝进行面对面互动，让宝宝学习和建立情感表达吧！

本周互动

听儿歌，摇起来

给宝宝听儿歌，学习拟声词的发音，过程中可以轻揉宝宝的手脚，让宝宝感受身体的律动。

小贴士

宝宝开心时，会发出更多声音，更有表达的欲望哦。

本周互动

大人鬼脸秀

双手遮住脸，每次打开手掌做出不同的表情或夸张的鬼脸，并对宝宝描述不同表情传达的情绪：“这是爱哭鬼——呜呜！”

宝宝 4 个月时

- 头可以抬起 90 度，喜欢伸手抓东西和把东西放到嘴里。
- 能看见彩色，常常发出“咿咿呀呀”的声音，能辨认熟悉的亲人。

陪伴的目标

刻意给宝宝制造模仿大人的机会，从面部表情开始。每天抽 10—15 分钟，跟宝宝进行面对面互动，让宝宝学习和建立情感表达吧！

开始抓东西

本周互动

认识亲朋好友

观察宝宝看到哪位亲朋好友会开心地笑，用宝宝的大拇指给亲友手掌盖章。

本周互动

换个方位喊宝宝

从不同的方向喊宝宝的名字或发出声音，引导宝宝依次向左和向右转头看。

> 小贴士
>
> 3—4 个月的宝宝，不仅懂得用笑来交流，也会偶尔模仿大人的各种表情，比如皱眉。

宝宝 4 个月时

- 头可以抬起 90 度，喜欢伸手抓东西和把东西放到嘴里。
- 能看见彩色，常常发出“咿咿呀呀”的声音，能辨认熟悉的亲人。

陪伴的目标

刻意给宝宝制造模仿大人的机会，从面部表情开始。每天抽 10—15 分钟，跟宝宝进行面对面互动，让宝宝学习和建立情感表达吧！

未来一个月的成长任务

4个月–5个月

我想说……

宝宝解锁

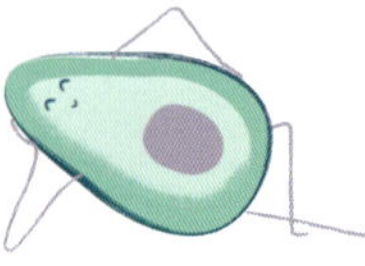

独立翻身自如 

宝宝会主动抓玩具 

宝宝会发出“咿咿呀呀”声 / /

爸妈解锁

跟宝宝玩遮脸躲猫猫 

让宝宝靠坐在自己胸前 

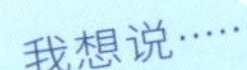

我想说……

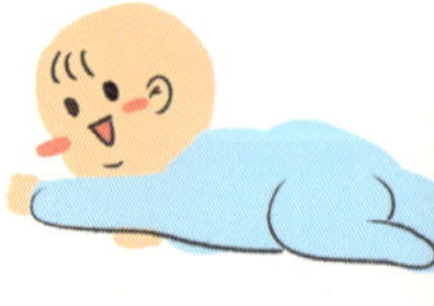

本周互动

小被子版躲猫猫

跟宝宝玩躲猫猫，拿起小被子躲在后面，然后突然“现身”，说：“我在这里呢！”

本周互动

换尿布时蹬蹬腿

换尿布时，用手掌抵在宝宝的脚掌上引导宝宝自主发力蹬腿，用夸张的语气夸宝宝，“哇，你的腿腿真有劲儿！”，并告诉宝宝你下一步的每个动作。

小贴士

宝宝每天可能需要更换 7—8 次尿布，换尿布时需格外注意将臀部擦拭干净、保持干爽，以防宝宝的屁屁因潮湿和尿布摩擦而发炎。屁屁霜是保护宝宝的好选择。

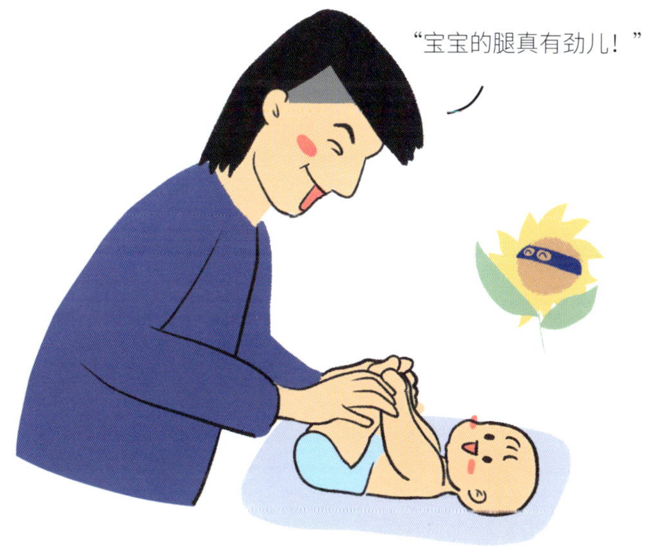

宝宝 5 个月时

- 慢慢地学会依靠自己翻身，能够抓住身边的玩具。
- 喜欢看镜子里的自己，也喜欢发出声音的人和事物。

陪伴的目标

宝宝旺盛的好奇心可能让你惊讶，和宝宝一起探索吧。每天抽 15 分钟，带宝宝认识、触摸家庭物件。

本周互动

在家里寻找发声物品

抱着宝宝靠近会发出轻微声音的物品，跟宝宝说说物品是什么（时钟的指针、外面的鸟叫……）。

本周互动

回头看看我

经常从不同方位叫宝宝的名字（包括身后），让宝宝转头看自己。

宝宝 5 个月时

- 慢慢地学会依靠自己翻身，能够抓住身边的玩具。
- 喜欢看镜子里的自己，也喜欢发出声音的人和事物。

陪伴的目标

宝宝旺盛的好奇心可能让你惊讶，和宝宝一起探索吧。每天抽 15 分钟，带宝宝认识、触摸家庭物件。

05 个月

本周互动

宝宝荡秋千

让宝宝仰躺在小被子上，把被子拉成被子秋千，让宝宝在秋千里左右翻滚。

本周互动

照镜子，挥挥手

抱着宝宝看镜子，对着镜子里的宝宝做挥手、微笑等动作，向宝宝介绍镜子里的人。

小贴士

大人不在身边时，不要让宝宝独自接触镜子哦。

宝宝 5 个月时

- 慢慢地学会依靠自己翻身，能够抓住身边的玩具。
- 喜欢看镜子里的自己，也喜欢发出声音的人和事物。

陪伴的目标

宝宝旺盛的好奇心可能让你惊讶，和宝宝一起探索吧。每天抽 15 分钟，带宝宝认识、触摸家庭物件。

本周互动

跟随音乐节奏换衣服

换衣服时，跟宝宝一起唱儿歌，并随节奏晃动宝宝身体。

> 小贴士
> 宝宝虽然还不能把控节奏，但是跟随着音乐，已经能展现一定的韵律感。

本周互动

自己的玩具，自己抓

让宝宝趴着，在附近摆上几个玩具，鼓励宝宝伸手去抓。

> 小贴士
> 玩具距离宝宝20—30cm，先把玩具敲出声音，如积木对敲、摇铃等。

宝宝5个月时

- 慢慢地学会依靠自己翻身，能够抓住身边的玩具。
- 喜欢看镜子里的自己，也喜欢发出声音的人和事物。

陪伴的目标

宝宝旺盛的好奇心可能让你惊讶，和宝宝一起探索吧。每天抽15分钟，带宝宝认识、触摸家庭物件。

未来一个月的成长任务

5个月-6个月

我想说……

宝宝解锁

宝宝会坐了  / /

宝宝会敲打东西  / /

叫宝宝名字，宝宝回头  / /

爸妈解锁

给宝宝做辅食 / /

给宝宝清洁口腔 / /

第一次独自给宝宝洗澡  / /

我想说……

本周互动

靠在胸前坐一会儿

当宝宝开始学习“坐起来”时，让宝宝背靠在大人的胸前坐一小会儿，感受大人的温暖，并练习坐的能力。

本周互动

双手在哪里

将手举到宝宝眼前挥动，说，“这是妈妈的手手，给你变个魔术！”，并快速将手背到身后让宝宝找，最后再将手举回宝宝眼前。

小贴士

宝宝刚开始学着坐时，独坐可能不稳，给宝宝一个柔软的靠枕作为支撑。

个月

宝宝6个月时

- 在大人的帮助下，可以坐起来了，开始喜欢拍桌子和撕纸巾。
- 听到自己的名字会回头，喜欢跟大人玩遮脸躲猫猫游戏。

陪伴的目标

对宝宝发出的声音、动作做回应，让宝宝获得更多反馈。每天抽10—15分钟，跟宝宝做个互相模仿的游戏吧！

坐

本周互动

拍桌子，打节拍

跟宝宝一起听儿歌，随着节奏拍桌子，鼓励宝宝也随意地拍桌子。

本周互动

真人叠叠乐

躺在床上，让宝宝仰躺或者趴在自己身上，然后缓慢翻身来带动宝宝翻身：“咕噜噜！我们一起翻煎饼啦！”

小贴士

大人带宝宝翻身时，要注意留出空间，不要压到宝宝！

06个月

宝宝6个月时

- 在大人的帮助下，可以坐起来了，开始喜欢拍桌子和撕纸巾。
- 听到自己的名字会回头，喜欢跟大人玩遮脸躲猫猫游戏。

陪伴的目标

对宝宝发出的声音、动作做回应，让宝宝获得更多反馈。每天抽10—15分钟，跟宝宝做个互相模仿的游戏吧！

坐

本周互动

大风吹，吹肚肚

给宝宝换尿布或衣服时，对着宝宝的肚子吹气，进行皮肤抚触，并用语言逗宝宝：“大风吹，吹过宝宝的肚肚！”

小贴士

皮肤接触能培养宝宝的安全感，增强宝宝对自己身体的感知。抚触时，记得微笑着跟宝宝进行目光交流。

本周互动

摸摸物品的材质

拿不同材质的东西给宝宝摸，观察宝宝的反应。如果宝宝高兴，陪宝宝玩一会；如果宝宝不高兴，轻轻抚摸宝宝的身体，换一个东西。

小贴士

半岁的宝宝，格外喜欢把东西放到嘴里，用口腔触感探索世界，家长可以给宝宝干净、柔软的东西“啃一啃”。

宝宝 6 个月时

- 在大人的帮助下，可以坐起来了，开始喜欢拍桌子和撕纸巾。
- 听到自己的名字会回头，喜欢跟大人玩遮脸躲猫猫游戏。

陪伴的目标

对宝宝发出的声音、动作做回应，让宝宝获得更多反馈。每天抽 10—15 分钟，跟宝宝做个互相模仿的游戏吧！

本周互动

宝宝复读机

当宝宝发出各种声音时，用近似的词进行回应。例如，如果宝宝说“ba”，请说“爸爸”或“巴士”。

小贴士

这个时期宝宝常发出“dada”“mama”的音节，你的回应可以帮助宝宝学习这些词语的意义。

本周互动

纸巾撕成条

给宝宝一张抽纸，跟宝宝一起任意撕揉，把纸撕成条、揉成团，抛上天：“下雨啦！”

小贴士

注意纸张的干净，并且避免宝宝把纸塞进嘴里。

宝宝 6 个月时

- 在大人的帮助下，可以坐起来了，开始喜欢拍桌子和撕纸巾。
- 听到自己的名字会回头，喜欢跟大人玩遮脸躲猫猫游戏。

陪伴的目标

对宝宝发出的声音、动作做回应，让宝宝获得更多反馈。每天抽 10—15 分钟，跟宝宝做个互相模仿的游戏吧！

未来三个月的成长任务

7个月-9个月

我想说……

宝宝解锁

宝宝会模仿和发出更多声音 / /

宝宝会爬了 / /

宝宝能独自专心玩耍 / /

爸妈解锁

我想说……

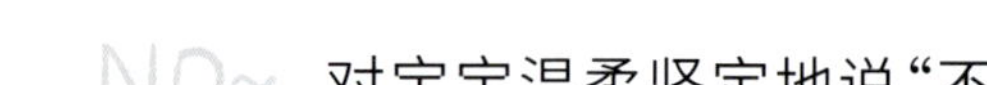
NO~ 对宝宝温柔坚定地说“不” / /

给宝宝讲故事 / /

坐

本周互动

变魔术

将玩具藏在宝宝面前的毛巾或枕头下，让宝宝找一会儿，然后忽然揭开，发出“哇”的惊喜声。

本周互动

丢沙包

跟宝宝一起面朝墙壁，坐在床上或者玩具区内，把袜子卷成一团，鼓励宝宝伸展手臂用力朝墙上扔。

小贴士

玩完后要收好袜子，并且只在安全的固定区域跟宝宝玩这个游戏哦，以防宝宝养成随地乱扔东西的习惯。

07 个月

宝宝 7 个月时

- 宝宝能自己坐直，将玩具从一只手换到另一只手。
- 宝宝能发出“dada”“baba”“mama”的声音，会抗拒陌生人。

陪伴的目标

宝宝开始有自己的想法和喜好，在不能满足宝宝时对宝宝说“不”，对宝宝和大人来说都是一个重要的新课题。

本周互动

小毛巾拔河

跟宝宝玩拔河游戏，用一块小毛巾，跟宝宝各拿一头，向自己的一方轻轻扯。

本周互动

BABA MAMA 大声说

重复对宝宝说包含“da”“ba”或“ma”的短句，帮助宝宝学习如何喊“爸爸”和“妈妈”。

> 小贴士
> 宝宝会无意识地叫“baba”“mama”，家长要积极回应，如“妈妈在这里”，帮宝宝将发音和对象联系起来。

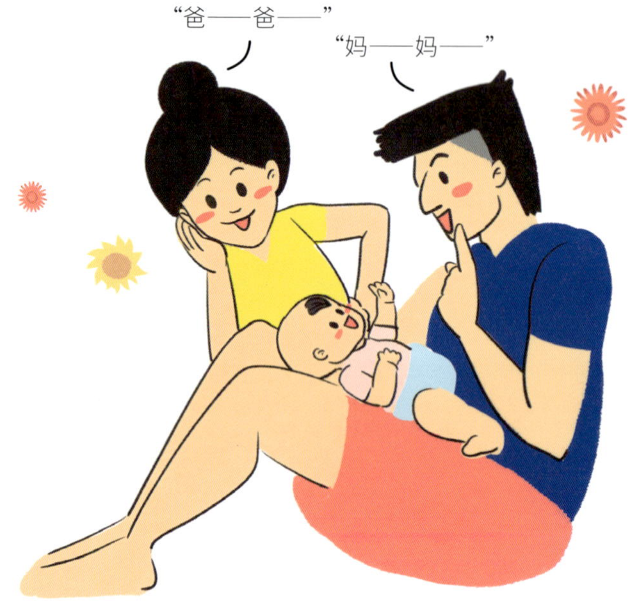

宝宝 7 个月时

- 宝宝能自己坐直，将玩具从一只手换到另一只手。
- 宝宝能发出“dada”“baba”“mama”的声音，会抗拒陌生人。

陪伴的目标

宝宝开始有自己的想法和喜好，在不能满足宝宝时对宝宝说“不”，对宝宝和大人来说都是一个重要的新课题。

坐

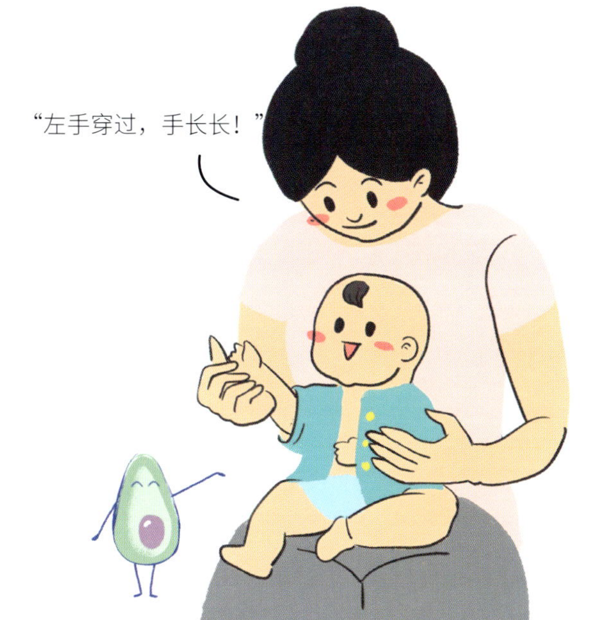

本周互动

伸展体操

穿衣服时给宝宝做伸展体操，念上顺口溜：“左手穿过，手长长”，“右脚穿裤子，变高高”，顺便帮宝宝做四肢按摩活动，放松肌肉。

小贴士

全身按摩能帮助宝宝从睡眠中清醒过来。

本周互动

摸冰箱贴

抱着宝宝去摸冰箱贴，但尽量不让宝宝轻松地拿到，鼓励宝宝伸手去抓喜欢的：“马上就够到啦，加油！”

小贴士

注意避免宝宝在拿到冰箱贴后，直接塞进嘴里。冰箱贴也可找其他好玩的东西来替代。

07 个月

宝宝 7 个月时

- 宝宝能自己坐直，将玩具从一只手换到另一只手。
- 宝宝能发出“dada”“baba”“mama”的声音，会抗拒陌生人。

陪伴的目标

宝宝开始有自己的想法和喜好，在不能满足宝宝时对宝宝说“不”，对宝宝和大人来说都是一个重要的新课题。

坐

本周互动

独自玩积木

在宝宝面前摆放一堆积木，看看宝宝能不能在不倚靠任何东西的情况下，坐着玩2—3分钟。

本周互动

推小车比赛

跟宝宝一起比赛将能滚动的玩具（如小车）或物品向前推，看谁推得远。

小贴士

如果家中没有会滚动的玩具，可以用圆柱体的塑料水瓶，或其他能滚动的物品来游戏。

07 个月

宝宝7个月时

- 宝宝能自己坐直，将玩具从一只手换到另一只手。
- 宝宝能发出“dada”“baba”“mama”的声音，会抗拒陌生人。

陪伴的目标

宝宝开始有自己的想法和喜好，在不能满足宝宝时对宝宝说“不”，对宝宝和大人来说都是一个重要的新课题。

坐

本周互动

谁的声音可以更长——

当宝宝长时间发出一个音时，大人也跟着发出一样的声音，比赛谁喊得更久；然后大人慢下来说词或短句：“巴——巴——士！”

本周互动

追团团去咯

每天换衣服后，将卷成一团的袜子（或其他能滚动的玩具）放在床上向前滚，鼓励宝宝追逐袜子向前爬。

宝宝 8 个月时

- 宝宝能够独自坐着，喜欢用手追逐移动的玩具。
- 能理解大人的面部表情，也能用手势表达自己和模仿大人的声音。

陪伴的目标

宝宝开始有自己的想法和喜好，在不能满足宝宝时对宝宝说“不”，对宝宝和大人来说都是一个重要的新课题。

08 个月

坐

本周互动

捡苹果

将苹果削皮切成小块放在碗里，让宝宝用手拿起来放进旁边的盘子里。

小贴士

可以用红枣、梨等蔬果代替苹果，但注意避免使用花生、豆类等小颗粒物，以防宝宝误食、呛噎。

本周互动

家中探险寻宝

带宝宝在家中“探险”，如找到相同颜色或形状的物体，并给宝宝描述每个东西是什么。

08 个月

宝宝 8 个月时

- 宝宝能够独自坐着，喜欢用手追逐移动的玩具。
- 能理解大人的面部表情，也能用手势表达自己和模仿大人的声音。

陪伴的目标

宝宝开始有自己的想法和喜好，在不能满足宝宝时对宝宝说“不”，对宝宝和大人来说都是一个重要的新课题。

8 个 月
第 3 周

坐

本周互动

做鬼脸比赛

对着宝宝做鬼脸，鼓励宝宝模仿，家人一起比赛谁做的鬼脸最丑，也可以对着镜子做、一起开心地说笑。

本周互动

伤心了，抱抱

留意和接纳宝宝的情绪，比如宝宝伤心哭泣时，抱起宝宝，跟宝宝说说话……

小贴士

避免跟发脾气的宝宝讲道理，因为宝宝还无法理解因果关系，但大人的亲吻和拥抱会给宝宝安全感！

08 个月

宝宝 8 个月时

- 宝宝能够独自坐着，喜欢用手追逐移动的玩具。
- 能理解大人的面部表情，也能用手势表达自己和模仿大人的声音。

陪伴的目标

宝宝开始有自己的想法和喜好，在不能满足宝宝时对宝宝说“不”，对宝宝和大人来说都是一个重要的新课题。

坐

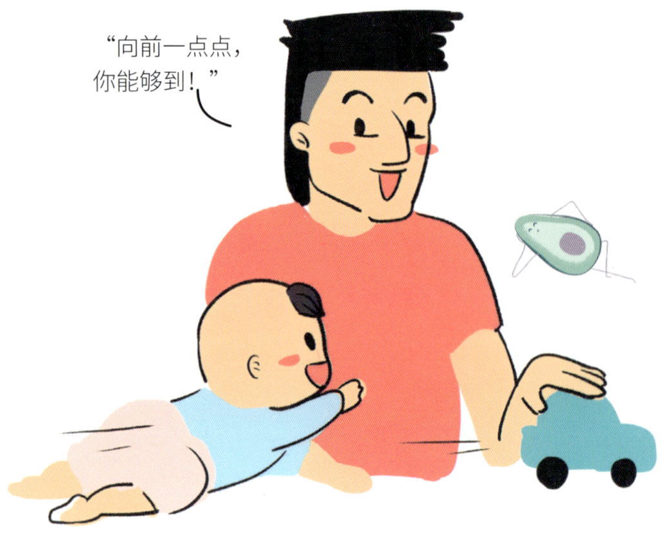

本周互动

爬爬追玩具

跟宝宝玩“玩具跑啦”的游戏，拿着玩具移动到稍远处，引导宝宝爬和用手追逐玩具。

小贴士

在床上适当地堆高被子和枕头作为障碍物，让宝宝爬得更有挑战。

本周互动

积木对敲

拿两块大积木，给宝宝示范对敲，鼓励宝宝模仿。也可采用其他能发出声音的物体，注意边角不要太尖锐。

08 个月

宝宝 8 个月时

- 宝宝能够独自坐着，喜欢用手追逐移动的玩具。
- 能理解大人的面部表情，也能用手势表达自己和模仿大人的声音。

陪伴的目标

宝宝开始有自己的想法和喜好，在不能满足宝宝时对宝宝说“不”，对宝宝和大人来说都是一个重要的新课题。

本周互动

一起“打雪仗”

在游戏区跟宝宝打一场“雪球战”，用毛线或报纸做“雪球”，与宝宝面对面相互扔，每当宝宝扔得更远或者大人能接住时，尽情夸宝宝。

小贴士

选择用轻的材质做雪球，避免误伤宝宝。

本周互动

睡前放松入睡

宝宝运动后，在睡前给宝宝按摩脚底和腿部，轻声阅读绘本故事，让宝宝放松入睡。

09 个月

宝宝 9 个月时

- 能熟练地爬动。
- 能理解和表达“不”，能打招呼、表示欢迎和再见，依恋熟悉的大人。

陪伴的目标

宝宝开始有自己的想法和喜好，在不能满足宝宝时对宝宝说“不”，对宝宝和大人来说都是一个重要的新课题。

本周互动

学习打招呼

离开宝宝时，跟宝宝挥手说，“再见”；从外面回来时，跟宝宝握手说，“你好”。

小贴士

如果宝宝显得害羞或紧张，请耐心等待，或引导宝宝用舒适的方式来表达，如笑一笑、挥挥手。

本周互动

猜猜在哪里

准备两个倒扣的不透明杯子，将小玩具藏进其中一个，让宝宝猜在哪个杯子里。

宝宝 9 个月时

- 能熟练地爬动。
- 能理解和表达“不”，能打招呼、表示欢迎和再见，依恋熟悉的大人。

陪伴的目标

宝宝开始有自己的想法和喜好，在不能满足宝宝时对宝宝说“不”，对宝宝和大人来说都是一个重要的新课题。

本周互动

和玩偶唱唱跳跳

将玩偶放在宝宝面前，假装是玩偶跟宝宝说话或者唱儿歌，吸引宝宝注意，拿着玩偶一起唱唱跳跳。

本周互动

打个纸杯电话

用毛线串起2个纸杯，跟宝宝玩纸杯电话。当宝宝说话时，把纸杯分别放到宝宝嘴上和大人耳朵上，做出听的反应；然后反过来对宝宝说话（要面对面看到对方表情）。

小贴士

也可以用鞋带、一次性塑料杯、白纸（自制卷筒）等常见物品替代。

宝宝9个月时

- 能熟练地爬动。
- 能理解和表达“不”，能打招呼、表示欢迎和再见，依恋熟悉的大人。

陪伴的目标

宝宝开始有自己的想法和喜好，在不能满足宝宝时对宝宝说“不”，对宝宝和大人来说都是一个重要的新课题。

本周互动

宝宝健身房

用被子和枕头在床上搭出高低不一的路线，作为宝宝的专属健身房，让宝宝在上面爬。

小贴士

高低不平的爬行路线，能锻炼和增强宝宝的平衡感及肢体协调能力。可以增加一些稍硬的障碍，例如可以从家长腿上爬过去。

本周互动

从杯中拿出小球

当着宝宝的面，在水杯中放一个积木或者小球，然后鼓励宝宝将它从杯子里拿出来。

09 个月

宝宝 9 个月时

- 能熟练地爬动。
- 能理解和表达“不”，能打招呼、表示欢迎和再见，依恋熟悉的大人。

陪伴的目标

宝宝开始有自己的想法和喜好，在不能满足宝宝时对宝宝说“不”，对宝宝和大人来说都是一个重要的新课题。

未来三个月的成长任务

10个月-12个月

宝宝解锁

宝宝自己扶物站立 / /

宝宝叫爸爸和妈妈 / /

宝宝会用自己的杯子喝水 / /

我想说……

爸妈解锁

第一次和宝宝一起经历了四季 / /

在宝宝的陪伴下过生日 / /

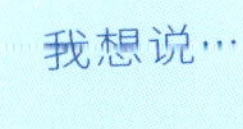

我想说……

拍张宝宝一岁的全家福

/ /

"妈妈在哪里呀？"

本周互动

寻人游戏

抱着宝宝在家玩"寻人游戏"，问宝宝"妈妈（或外婆、爷爷、爸爸）在哪里"，并跟宝宝一起在家中游走，寻找不同的家庭成员。

本周互动

宝宝爬，大人追

宝宝爬行时，大人以宝宝的速度在身后跟着追，同时夸张兴奋地说："宝宝等等我"，营造兴奋的氛围。

宝宝 10 个月时

- 宝宝的移动范围越来越大，爬行轻松自如，到处寻找自己的"地盘"。
- 知道常见的人和物品的名称，能够按指令将东西拿给家长。

陪伴的目标

可以给宝宝更复杂的任务，和宝宝一起探索家里和家外的世界。

10 个月

爬

本周互动

消失的衣服在哪里

给宝宝换衣服时，将换下来的衣服当着宝宝的面藏到被子里，故作惊讶地说：“哎呀，小宝的袜子（或裤子）怎么不见啦？”然后鼓励宝宝将其找出来。

本周互动

小导游出发啦

让宝宝做导游，带你游客厅。宝宝的注意对象经常变化，观察宝宝目光停留的地方，跟宝宝谈论。

小贴士

避免让宝宝过早接触电视、手机等电子产品，依赖视频学说话。亲子间的语言互动，能让宝宝看见发音的口型，更准确地学说话。

个月

宝宝 10 个月时

- 宝宝的移动范围越来越大，爬行轻松自如，到处寻找自己的“地盘”。
- 知道常见的人和物品的名称，能够按指令将东西拿给家长。

陪伴的目标

可以给宝宝更复杂的任务，和宝宝一起探索家里和家外的世界。

本周互动

“击鼓传花”传球游戏

播放节奏感强的音乐，将球递给宝宝并说“给你”，然后让宝宝递回来。

本周互动

扮演小助理

日常生活中，让宝宝扮演大人的“小助理”，帮忙拿东西或做一些简单的事情，比如：“开饭啦，请把勺子递给我” “我们要出门咯，宝宝的帽子在哪里？”

小贴士

避免让宝宝帮忙传递危险物品，如药品、耳环、戒指等，以防宝宝放到口中误食。

宝宝 10 个月时

- 宝宝的移动范围越来越大，爬行轻松自如，到处寻找自己的“地盘”。
- 知道常见的人和物品的名称，能够按指令将东西拿给家长。

陪伴的目标

可以给宝宝更复杂的任务，和宝宝一起探索家里和家外的世界。

本周互动

认识我们的身体

触摸宝宝的各个身体部位，并向宝宝描述："这是宝宝的腿、脚、胳肢窝、下巴、脖子……"如果宝宝跟着发音，马上夸奖宝宝。

本周互动

听声音，找闹铃

用手机设一个闹铃，当着宝宝的面放到衣柜里，然后带宝宝离开。闹铃响起时，带宝宝一起去找手机。

小贴士

随着宝宝记忆力增强，可以多跟宝宝玩"寻找消失的物品（或人）"的游戏，锻炼宝宝的记忆力。

宝宝 10 个月时

- 宝宝的移动范围越来越大，爬行轻松自如，到处寻找自己的"地盘"。
- 知道常见的人和物品的名称，能够按指令将东西拿给家长。

陪伴的目标

可以给宝宝更复杂的任务，和宝宝一起探索家里和家外的世界。

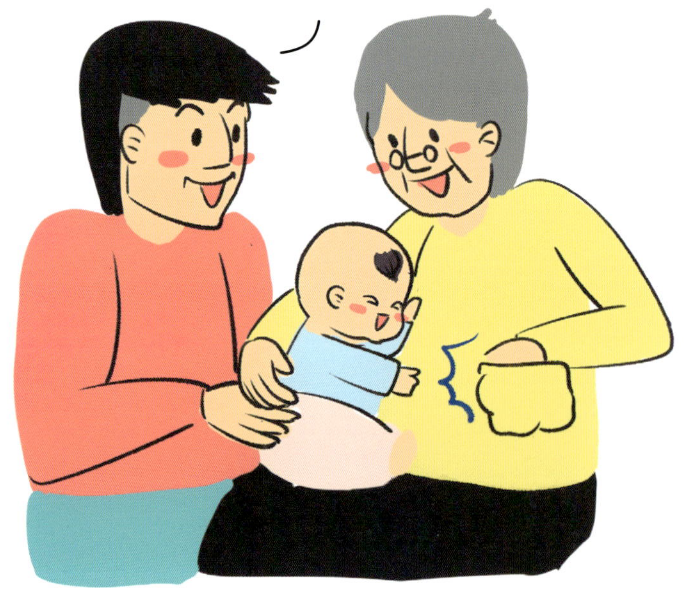

本周互动

躲进口袋的玩具

让宝宝看见小玩具，然后迅速将玩具藏到沙发垫后面或者自己的口袋里，再引导宝宝去找："哎呀，玩具去哪里啦？"

本周互动

模仿动物叫声

睡前跟宝宝一起读动物绘本，模仿动物的叫声，鼓励宝宝发出自己的动物叫声。

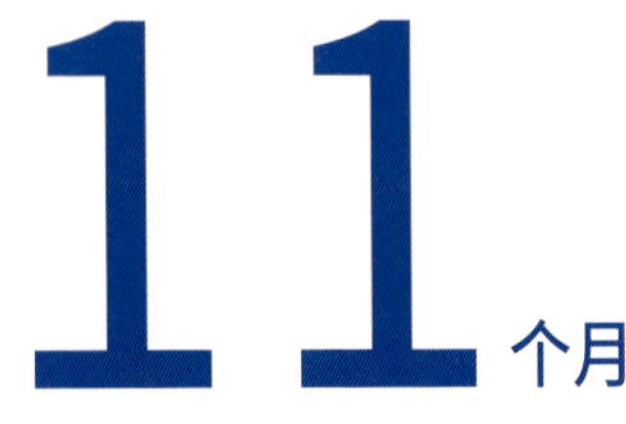

11 个月

宝宝 11 个月时

- 宝宝已经有短时记忆，能找到被藏起来的物品。
- 宝宝能自己抓取食物吃，鼓励宝宝模仿大人的样子。

陪伴的目标

可以给宝宝更复杂的任务，和宝宝一起探索家里和家外的世界。

本周互动

帮助玩具回家

将玩具放在宝宝脚下，鼓励宝宝扶着桌子等将玩具捡起来，放回玩具箱里。

本周互动

自制彩色拼图

画一张彩色的卡通图片，剪成大块拼图，然后跟宝宝一起将碎片拼起来。

小贴士

玩拼图游戏，可锻炼宝宝的手眼协调能力。除了购买现成拼图产品，家长也可以自制拼图。

宝宝 11 个月时

- 宝宝已经有短时记忆，能找到被藏起来的物品。
- 宝宝能自己抓取食物吃，鼓励宝宝模仿大人的样子。

陪伴的目标

可以给宝宝更复杂的任务，和宝宝一起探索家里和家外的世界。

本周互动

出门散步之旅

天气好的时候带宝宝出门散步，向宝宝描述沿途看到的植物和各种标识的颜色、形状。

小贴士

散步过程中，鼓励宝宝用手指指向感兴趣的事物，锻炼肢体能力的同时表达喜好。

本周互动

独自喝水“咕嘟嘟”

让宝宝用专属于自己的小杯子喝水，大人不帮忙，让宝宝自己抱着喝。

小贴士

让宝宝自己抱着杯子喝水，既能锻炼手部肌肉，还能促进眼、手、大脑的协调发展，提升宝宝认知能力。

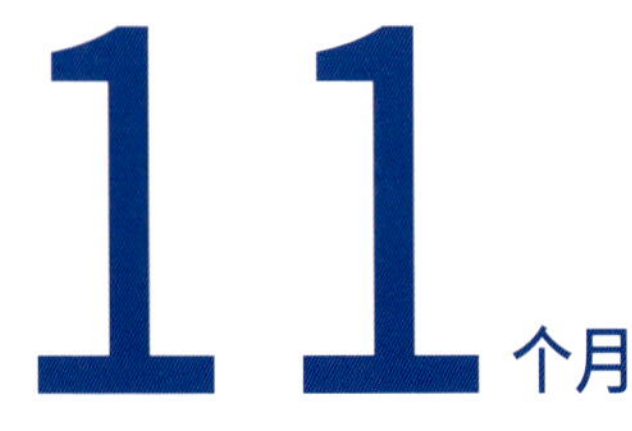

11 个月

宝宝 11 个月时

- 宝宝已经有短时记忆，能找到被藏起来的物品。
- 宝宝能自己抓取食物吃，鼓励宝宝模仿大人的样子。

陪伴的目标

可以给宝宝更复杂的任务，和宝宝一起探索家里和家外的世界。

爬

本周互动

手抓水果

把水果切块，让宝宝自己用手抓着吃，即使宝宝弄得一团糟也没关系，之后再帮宝宝清洁。

小贴士

苹果、香蕉、梨都是适合 1 岁以下宝宝尝试的水果，注意避免那些容易引起过敏的水果，如芒果、菠萝、榴莲等。

本周互动

室内捉迷藏

跟宝宝玩捉迷藏，当着宝宝的面躲到门背后，让宝宝来找。当宝宝靠近时，“哇”地一声露出头来。

宝宝 11 个月时

- 宝宝已经有短时记忆，能找到被藏起来的物品。
- 宝宝能自己抓取食物吃，鼓励宝宝模仿大人的样子。

陪伴的目标

可以给宝宝更复杂的任务，和宝宝一起探索家里和家外的世界。

站

本周互动

听指令，找物品

将玩具放在宝宝四周，用手指着东西请宝宝帮忙拿过来：“请给我左边的小车”“请给我后面的大皮球”，帮助宝宝学习物品的大小、方位关系等。

本周互动

小手拧瓶盖

示范拧开和盖上塑料瓶瓶盖，再取下盖子，假装喝一口，然后请宝宝帮忙拧瓶盖，并说：“哇！谢谢宝宝帮我拧瓶盖！”

12个月

宝宝 12 个月时

- 宝宝的语言快速发展，既会叫爸爸妈妈，也能理解大人的简单指令。
- 宝宝喜欢探索、重复大人的声音或动作，移动能力和表达能力越来越强。

陪伴的目标

可以给宝宝更复杂的任务，和宝宝一起探索家里和家外的世界。

站

本周互动

肩上“骑大马”

让宝宝坐在大人的肩上，在家里不同空间游走，如果宝宝对哪里特别兴奋，多停留一会儿。

本周互动

玩具讲话啦

用玩具给宝宝讲故事，让玩具模拟跟宝宝说话和互动，如“小熊先生觉得小宝笑起来真阳光”、“汽车小姐今天想跟小宝一起出去玩”。

小贴士

适当简化玩具区，减少多余的玩具和绘本，增加语言互动交流，鼓励宝宝多发声。

12 个月

宝宝 12 个月时

- 宝宝的语言快速发展，既会叫爸爸妈妈，也能理解大人的简单指令。
- 宝宝喜欢探索、重复大人的声音或动作，移动能力和表达能力越来越强。

陪伴的目标

可以给宝宝更复杂的任务，和宝宝一起探索家里和家外的世界。

站

本周互动

买水果

带宝宝去逛超市的蔬菜水果区，对宝宝描述不同蔬菜水果的颜色、形状，让宝宝做决定：挑一样喜欢的水果带回家。

小贴士

宝宝能用肢体语言指水果即可。

本周互动

把红枣扔进瓶里

给宝宝一盘红枣，让宝宝把红枣用手拿起来扔进空的小瓶子，鼓励宝宝多扔。

小贴士

游戏结束后，大人记得把红枣（或其他颗粒物）收到宝宝接触不到的地方，以防宝宝误食、呛噎。

宝宝 12 个月时

- 宝宝的语言快速发展，既会叫爸爸妈妈，也能理解大人的简单指令。
- 宝宝喜欢探索、重复大人的声音或动作，移动能力和表达能力越来越强。

陪伴的目标

可以给宝宝更复杂的任务，和宝宝一起探索家里和家外的世界。

本周互动

音乐沙锤

用空矿泉水瓶分别装上水、黄豆、大米等，让宝宝摇晃发出不同声音，全家一起来开场家庭演奏会吧！

小贴士

假如没有矿泉水瓶或谷物，也可以用其他合适的容器和材料来替代，如塑料空瓶、沙子等。

本周互动

伸出小脚，配合穿袜

穿袜子时，让宝宝选择先穿左脚还是右脚，大人可以说，“左边的袜子来啦”，引导宝宝伸出对应的腿配合。

宝宝 12 个月时

- 宝宝的语言快速发展，既会叫爸爸妈妈，也能理解大人的简单指令。
- 宝宝喜欢探索、重复大人的声音或动作，移动能力和表达能力越来越强。

陪伴的目标

可以给宝宝更复杂的任务，和宝宝一起探索家里和家外的世界。

未来六个月的成长任务

13个月-18个月

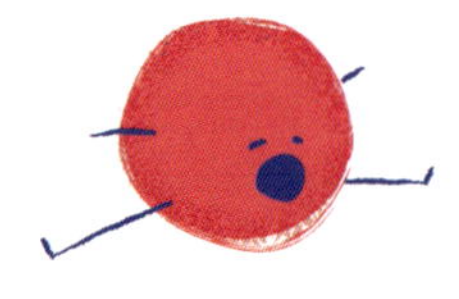

我想说……

宝宝解锁

宝宝能自己较稳地走路  / /

宝宝能说叠词  / /

宝宝能认出五官  / /

宝宝会自己用勺子吃饭  / /

我想说……

爸妈解锁

和宝宝一起逛超市 / /

和宝宝一起乱涂乱画 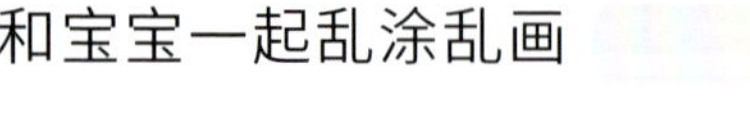 / /

第一次和宝宝牵手上楼梯 / /

本周互动

读图识物

一起读绘本，翻开新的一页时，让宝宝指出画面里的内容，同时重复这些物体的名称。

本周互动

单字变词语

扩展宝宝说出的单词，比如当宝宝说出“巴”或“巴士”时，大人可以说：“是的，那是一辆大大的、绿色的巴士。”

13 个月

宝宝 1.5 岁时

- 逐渐能独立走路，做简单的事情，想要出门探索外面的世界和人。
- 独立心理变强，开始形成个人喜好，会对熟悉的人表达感情。

陪伴的目标

培养宝宝生理和心理上“照顾自己的能力”，可以鼓励宝宝自己吃饭、穿衣，勇敢表达感受和情绪。

站

本周互动

小步向前跑

蹲在宝宝前方三米或更远的地方，鼓励宝宝向你跑过来：“小宝，快到我这里来！”

小贴士

给学走路的宝宝提供安全、充足的空间，注意移开障碍物，用布或纸巾包裹尖锐的桌角，以防孩子磕碰受伤。

本周互动

脱袜子比赛

跟宝宝玩脱袜子比赛，看看谁脱得更快。假装比宝宝慢一步，在宝宝赢了之后开心地夸宝宝。

宝宝 1.5 岁时

- 逐渐能独立走路，做简单的事情，想要出门探索外面的世界和人。
- 独立心理变强，开始形成个人喜好，会对熟悉的人表达感情。

陪伴的目标

培养宝宝生理和心理上“照顾自己的能力”，可以鼓励宝宝自己吃饭、穿衣，勇敢表达感受和情绪。

本周互动

小车"爬山"

拿着小玩具在宝宝身上"爬山"，并提问："耳朵在哪里？该怎么爬到耳朵上去呢？"引导宝宝指出对应的身体部位。

> 小贴士
> 给宝宝洗澡或涂抹身体乳时，大人也可以用手指在宝宝身体上"爬坡"，跟宝宝玩这个游戏。

本周互动

自由涂涂画画

准备一张白纸和不尖锐的蜡笔，和宝宝一起随意图画，创作一幅属于全家的独一无二的作品吧！

> 小贴士
> 跟宝宝互动时，可以多描述宝宝的情绪，帮助孩子理解和接纳自己的情绪，如"画画让我们宝宝很高兴哦！"

宝宝 1.5 岁时

- 逐渐能独立走路，做简单的事情，想要出门探索外面的世界和人。
- 独立心理变强，开始形成个人喜好，会对熟悉的人表达感情。

陪伴的目标

培养宝宝生理和心理上"照顾自己的能力"，可以鼓励宝宝自己吃饭、穿衣，勇敢表达感受和情绪。

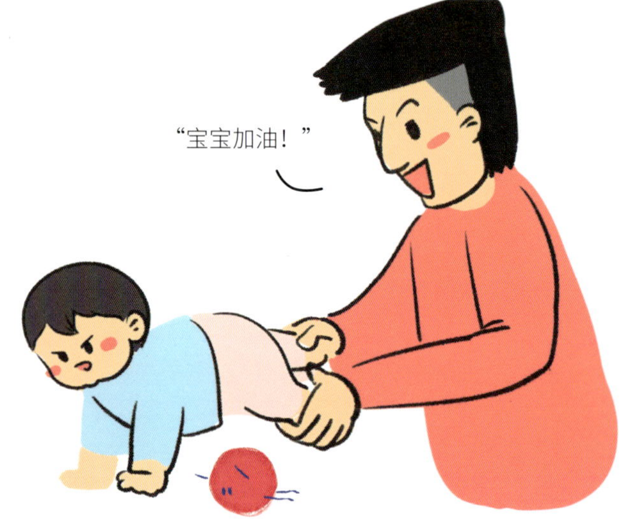

本周互动

小推车向前爬

跟宝宝玩“推车”游戏，抬起宝宝的两条腿，让宝宝用两只手撑地向前爬行。

小贴士

抓宝宝的腿循序渐进地进行：先抓大腿，再抓小腿，再过渡到抓脚踝。

本周互动

超市自由行

宝宝能走路之后，多到超市逛逛，让宝宝摸一摸感兴趣的物品，并对宝宝描述它们的名称、用途等。

宝宝 1.5 岁时

- 逐渐能独立走路，做简单的事情，想要出门探索外面的世界和人。
- 独立心理变强，开始形成个人喜好，会对熟悉的人表达感情。

陪伴的目标

培养宝宝生理和心理上“照顾自己的能力”，可以鼓励宝宝自己吃饭、穿衣，勇敢表达感受和情绪。

站

本周互动

摸摸树皮与叶子

出门散步时，牵宝宝的手摸摸树皮、叶子，感受大自然的事物，并给宝宝描述不同的触感：“大树好粗糙呀！树叶很光滑呢！”

小贴士

户外活动时，避免让宝宝的皮肤受到阳光直射，并确定可触摸的植物有平滑的表面，摸完之后清洗双手，同时可以教宝宝如何正确洗手。

本周互动

帮物品找对“家门”

找个透明容器，在盖子上用小刀挖出大小不一的形状，让宝宝根据洞口大小把不同物品扔进去。

小贴士

每半年清理一次玩具区，减少低龄段的玩具数量，增加跟孩子直接互动或说话的频率。

17 个月

宝宝 1.5 岁时

- 逐渐能独立走路，做简单的事情，想要出门探索外面的世界和人。
- 独立心理变强，开始形成个人喜好，会对熟悉的人表达感情。

陪伴的目标

培养宝宝生理和心理上“照顾自己的能力”，可以鼓励宝宝自己吃饭、穿衣，勇敢表达感受和情绪。

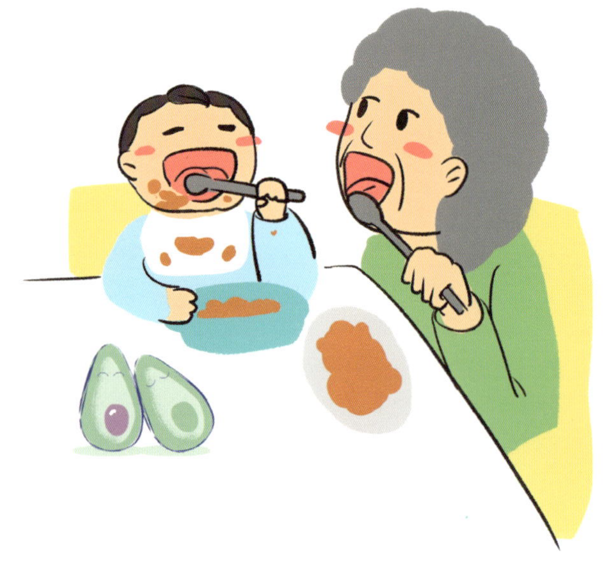

本周互动

用勺子吃饭

吃饭时，给宝宝带好围兜，鼓励宝宝用自己的勺子吃饭、用自己的碗喝汤，就算场面很混乱也鼓励宝宝，吃完后清理即可。

小贴士

让宝宝练习自己用勺吃饭，不仅能发展拇指和手眼协调能力，也能促进宝宝的触觉发育和独立性。

本周互动

挑战倒着走

让宝宝尝试倒着走，大人在后面站着，防止宝宝摔倒，以此锻炼宝宝的平衡感。

宝宝 1.5 岁时

- 逐渐能独立走路，做简单的事情，想要出门探索外面的世界和人。
- 独立心理变强，开始形成个人喜好，会对熟悉的人表达感情。

陪伴的目标

培养宝宝生理和心理上“照顾自己的能力”，可以鼓励宝宝自己吃饭、穿衣，勇敢表达感受和情绪。

18个月

1岁半的宝宝，
有没有跟爸爸妈妈一起出门，
逛过**游乐园？集市？**

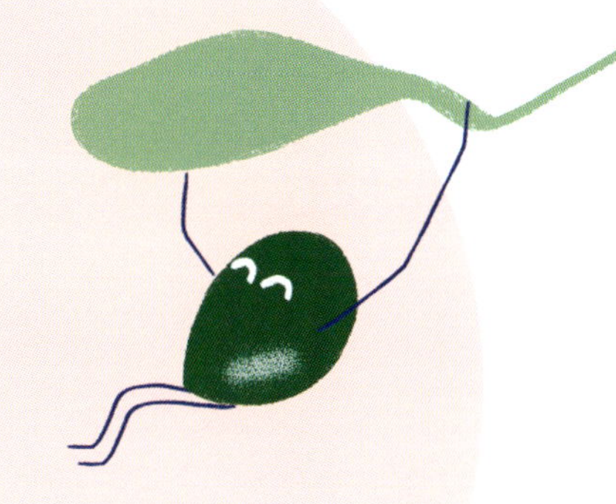

宝宝是**活泼爱动的？还是害羞腼腆的？**
你又是什么时候被宝宝逗乐的呢？
让宝宝跟你一起记录下这些吧！

有没有哼唱过**熟悉的儿歌？**
又或是会**背诗词**了？

未来六个月的成长任务

宝宝在镜子里认出了自己 / /

宝宝能稳稳地跑 / /

宝宝会说“不” / /

和宝宝一起玩捉迷藏 / /

和宝宝一起做家务 / /

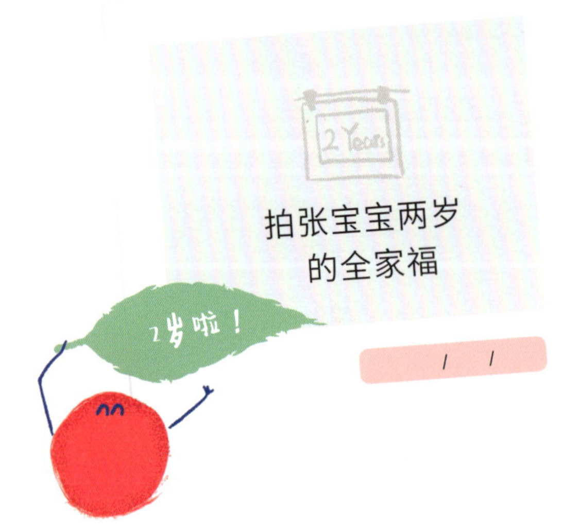

本周互动

踢皮球

准备一个可以踢的小皮球。将球踢给宝宝，让宝宝拦截住，并鼓励宝宝踢回来：“传球！射门！”

本周互动

认识日用品

每天洗漱时，对宝宝描述生活用品的名称，并让宝宝指认，如：“这是牙刷、牙膏……”“这个装水的东西叫什么呀？”

宝宝 2 岁时

○宝宝的自我意识更加强烈，会说“不”。
○好奇心也越来越强烈，常问“为什么”、“是什么”，想和其他孩子一起玩耍。

陪伴的目标

为宝宝建立基本的规则，放心地让宝宝“自己的事自己做”，陪伴宝宝走出家门、认识新朋友。

本周互动

点点脚尖，踮起走

跟宝宝一起用脚尖走路，先由大人示范踮起脚尖走路，再鼓励宝宝模仿，便于更快掌握自己的身体。

本周互动

搭建秘密基地

一起搭建“秘密基地”，用干净的大快递纸盒搭成宝宝可以藏进去的堡垒，在上面盖上床单或浴巾，让宝宝拥有一个自己的小空间。

小贴士

宝宝独自玩耍时，大人也要注意宝宝没有在做危险的事。

宝宝 2 岁时

- 宝宝的自我意识更加强烈，会说“不”。
- 好奇心也越来越强烈，常问“为什么”、“是什么”，想和其他孩子一起玩耍。

陪伴的目标

为宝宝建立基本的规则，放心地让宝宝“自己的事自己做”，陪伴宝宝走出家门、认识新朋友。

本周互动

长线穿筒

跟宝宝一起玩纸巾筒游戏：用一只手将鞋带或毛线穿过用完后的纸巾筒，大人先示范，再让宝宝模仿。

本周互动

鼓励宝宝的想法

当宝宝想做某事或拿某样东西时，鼓励宝宝大声表达出来，并对宝宝说：“你带我去拿”、“大声讲出你要什么”，让宝宝成为“小领导”。

小贴士

这个阶段，宝宝的自我意识快速发展，甚至充满了“叛逆”。家长可以多鼓励好的行为，而少惩罚不好的行为。

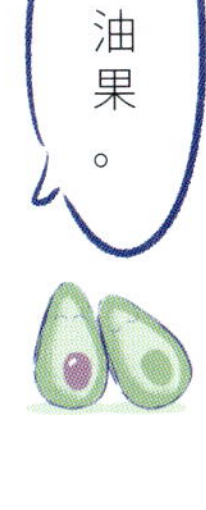

个月

宝宝 2 岁时

- 宝宝的自我意识更加强烈，会说“不”。
- 好奇心也越来越强烈，常问“为什么”、“是什么”，想和其他孩子一起玩耍。

陪伴的目标

为宝宝建立基本的规则，放心地让宝宝“自己的事自己做”，陪伴宝宝走出家门、认识新朋友。

本周互动

翻故事书

睡前读绘本故事时，鼓励宝宝自己翻页，让宝宝锻炼手指的灵活度。

本周互动

做简单的家务

让宝宝参与简单的家务，比如擦桌子时给宝宝一张小毛巾、拖地时给宝宝一个拖把，鼓励宝宝模仿大人的行为。

小贴士

让宝宝给书翻页和做家务，不仅是锻炼宝宝的肢体能力，也是给宝宝更多“做决定”的机会。

宝宝 2 岁时

- 宝宝的自我意识更加强烈，会说“不”。
- 好奇心也越来越强烈，常问“为什么”、“是什么”，想和其他孩子一起玩耍。

陪伴的目标

为宝宝建立基本的规则，放心地让宝宝“自己的事自己做”，陪伴宝宝走出家门、认识新朋友。

本周互动

拍手数到 10

跟宝宝一起玩拍手数数游戏，跟宝宝一起边拍手边从 1 数到 10。

本周互动

穿纽扣

一只手将毛线穿过纽扣眼（直径 5 毫米以上），用另一只手将线拉出，大人先示范，再让宝宝模仿。

小贴士

毛线和纽扣也可用鞋带或钥匙圈等其他常见物品替代。

宝宝 2 岁时

- 宝宝的自我意识更加强烈，会说“不”。
- 好奇心也越来越强烈，常问“为什么”、“是什么”，想和其他孩子一起玩耍。

陪伴的目标

为宝宝建立基本的规则，放心地让宝宝“自己的事自己做”，陪伴宝宝走出家门、认识新朋友。

说“不”

本周互动

轮流藏起来

跟宝宝一起玩“捉迷藏”游戏，大人和孩子轮流当藏的人和捉的人。

> **小贴士**
> 捉迷藏游戏可以帮助宝宝增强空间概念、理解跟他人的关系（思考“别人会藏在哪里”）、建立规则感等。

本周互动

儿歌接龙

全家一起玩“儿歌接龙”，用勺子当作麦克风传递，大人唱上一句，宝宝接下一句。

> **小贴士**
> 不用期待宝宝唱完整的歌，即使只能唱出几个词或一两句，就是很棒的！帮助宝宝培养今后的社交能力。

宝宝 2 岁时

- 宝宝的自我意识更加强烈，会说“不”。
- 好奇心也越来越强烈，常问“为什么”、“是什么”，想和其他孩子一起玩耍。

陪伴的目标

为宝宝建立基本的规则，放心地让宝宝“自己的事自己做”，陪伴宝宝走出家门、认识新朋友。

24个月

我家宝贝的游戏“发明”

有哪些跟宝宝一起的互动让你印象深刻？
在这里记录属于自家人的独创妙趣游戏，
宝宝喜欢的——

记录一份成长的足迹，
记下属于你们的美好回忆。

记录属于我们的点点滴滴，
宝宝在长大，
我们也在一同成长。
分享专属于“你”和“你们”的成长高光时刻吧！

m

未来六个月的成长任务

25个月–30个月

宝宝解锁

宝宝会自己穿衣服、裤子或鞋子 / /

宝宝能说出自己的名字 / /

宝宝能独自上下楼梯 / /

我想说……

爸妈解锁

教宝宝如何上厕所 / /
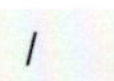

和宝宝玩过家家 / /

本周互动

一起学走“鸭子步”

跟宝宝一起学走“鸭子步”，由大人示范用脚后跟行走，学鸭子歪歪扭扭走路的样子，鼓励宝宝模仿。

本周互动

认识身体隐私部位

给宝宝洗澡或抹护肤品时，教宝宝认识自己的身体器官，并教导孩子：内衣、泳衣覆盖的隐私部位不能让外人触碰。

宝宝 2.5 岁时

○能独立上下楼梯，平衡能力快速成长，可以快走、跳。
○会用语言简单表达，建立基本的处事规则。

陪伴的目标

宝宝能说出对他人和事物的看法了，让宝宝学会表达内心的想法。

本周互动

“寻宝”不常用的物品

鼓励宝宝表达好奇心，温柔地问：“这是什么？”向宝宝展示家中不常用的物品，跟宝宝在家玩“寻宝”游戏。

小贴士

日常对话中，也可以多询问宝宝的感受，如：“你冷吗？”“冷了怎么办？”看看宝宝能否回答。

本周互动

积木叠叠乐

跟宝宝一起玩积木叠叠乐，鼓励宝宝搭得越高越好，然后把塔“轰”一下推倒。

宝宝 2.5 岁时

○ 能独立上下楼梯，平衡能力快速成长，可以快走、跳。
○ 会用语言简单表达，建立基本的处事规则。

陪伴的目标

宝宝能说出对他人和事物的看法了，让宝宝学会表达内心的想法。

本周互动

画竖线“丛林”

跟宝宝一起在白纸上“画竖线丛林”，大人示范画竖线，再让宝宝模仿。

> 小贴士
> 2 岁半前的宝宝画不出闭合图形或交叉的线条，全家可以一起多画竖线和横线。

本周互动

挑选衣服

换衣服时，让宝宝自己脱衣服或裤子，并由宝宝自己挑选想穿的衣服。

宝宝 2.5 岁时

○ 能独立上下楼梯，平衡能力快速成长，可以快走、跳。
○ 会用语言简单表达，建立基本的处事规则。

陪伴的目标

宝宝能说出对他人和事物的看法了，让宝宝学会表达内心的想法。

说“不”

“宝宝好专注。”

本周互动

来回倒水

在一个无把的杯中倒入 1/3 杯的水，宝宝一只手握住杯子，将水倒入另一个杯中，来回各倒一次。

本周互动

开店啦

跟宝宝一起玩“开店”或“过家家”游戏，把玩具当作商品售卖，由家庭成员分别扮演售货员、顾客等。

小贴士

角色扮演游戏可以帮宝宝发展语言和社交能力，为接下来进入幼儿园、交朋友做好准备。

宝宝 2.5 岁时

- 能独立上下楼梯，平衡能力快速成长，可以快走、跳。
- 会用语言简单表达，建立基本的处事规则。

陪伴的目标

宝宝能说出对他人和事物的看法了，让宝宝学会表达内心的想法。

本周互动

小动物跳跳

大人和宝宝轮流模仿小兔子或小青蛙，努力向前和向上两脚同时起跳。

本周互动

大声说出我是谁

大人经常轮流问宝宝叫什么名字，鼓励宝宝大声说出自己的名字，或向陌生人介绍自己。

小贴士

2 岁半的宝宝开始有社交需求，家长可以多带宝宝出门跟其他同龄小朋友玩耍、交流，帮助宝宝发展今后的社交能力。

宝宝 2.5 岁时

○ 能独立上下楼梯，平衡能力快速成长，可以快走、跳。
○ 会用语言简单表达，建立基本的处事规则。

陪伴的目标

宝宝能说出对他人和事物的看法了，让宝宝学会表达内心的想法。

上楼梯

本周互动

睡前分享

睡觉前抱一抱宝宝，让宝宝分享今天经历的事和心情，即使宝宝说的话不完整，也认真听并给出回应。

本周互动

"金鸡独立"单脚站

跟宝宝一起模仿"金鸡独立"站姿，大人示范单脚站立，再由宝宝尝试。

小贴士

不用期待宝宝能站很久，只要单脚站立 2 秒左右，就是一个小成就。

30 个月

宝宝 2.5 岁时

○ 能独立上下楼梯，平衡能力快速成长，可以快走、跳。

○ 会用语言简单表达，建立基本的处事规则。

陪伴的目标

宝宝能说出对他人和事物的看法了，让宝宝学会表达内心的想法。

30个月

奇思妙想，乐享亲子时光

城市，街道？
树林，帐篷？
海边，小屋？

与宝宝一起经历的生活场景，有哪些奇思妙想？有怎样的乐享时光？

未来六个月的成长任务

31个月–36个月

我想说……

宝宝解锁

 宝宝会自己握笔画线条  / /

 宝宝能说出自己的性别  / /

 宝宝能说完整的短句子 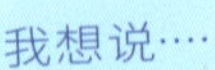 / /

我想说……

爸妈解锁

 玩宝宝发明的游戏 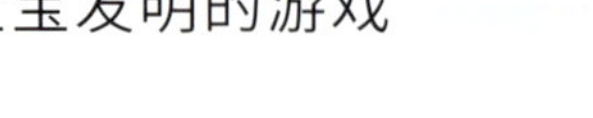 / /

 第一次听宝宝说“我爱你” / /

上楼梯

本周互动

捏出奇形怪状

让宝宝玩面团或橡皮泥，在手中搓、压、揉成任意形状。

小贴士

如果使用橡皮泥，要注意防止宝宝误食。

本周互动

在“里面”还是“外面”？

将一个球或橡皮泥放进透明的杯子，问宝宝：“球是在瓶里还是在瓶外？”帮助宝宝培养“里、外”的空间意识。

31 个月

宝宝 3 岁时

○ 生理发育速度逐渐变慢，开始发展综合思维能力。
○ 基本的生活能够自理，能自主地和朋友交流，表达关心和各种情绪。

陪伴的目标

扩大宝宝的活动圈子，让宝宝接触邻居和朋友，陪伴宝宝建立基本的生活作息习惯，做好上幼儿园的准备。

本周互动

一起来“画圈圈”

大人示范画圆形，但不说出圆的名称，让宝宝模仿画出圆形（图案闭合且无明确棱角）。

上楼梯

本周互动

小小姐？小先生？

问宝宝：“你是男生还是女生？”，并跟宝宝简单讲解男生和女生的身体差异，但大家都可以做自己喜欢的事情。

小贴士

给宝宝洗澡时，尤其适合引导宝宝观察和认识自己的身体，并说明男生和女生的不同。

32个月

宝宝 3 岁时

- 生理发育速度逐渐变慢，开始发展综合思维能力。
- 基本的生活能够自理，能自主地和朋友交流，表达关心和各种情绪。

陪伴的目标

扩大宝宝的活动圈子，让宝宝接触邻居和朋友，陪伴宝宝建立基本的生活作息习惯，做好上幼儿园的准备。

本周互动

一二三，预备，跳！

跟宝宝一起玩立定跳远，先由大人示范，再让宝宝模仿，鼓励宝宝跳得远点。

> 小贴士
> 宝宝能跳到的距离是大约 8 厘米，不用太关注距离，和宝宝一起用力吧。

本周互动

收集树叶

跟宝宝一起出门收集树叶，讨论叶子的大小、颜色、形状，秋天时还可以踩在落叶上听声音。

> 小贴士
> 出门玩耍时，给宝宝穿宽松、吸汗的棉质衣服，并注意定时给宝宝补水。

宝宝 3 岁时

- 生理发育速度逐渐变慢，开始发展综合思维能力。
- 基本的生活能够自理，能自主地和朋友交流，表达关心和各种情绪。

陪伴的目标

扩大宝宝的活动圈子，让宝宝接触邻居和朋友，陪伴宝宝建立基本的生活作息习惯，做好上幼儿园的准备。

“我们今天要买苹果是吗？那请你帮我找到它哦！”

本周互动

找到今天做饭的菜

带宝宝逛超市买水果和蔬菜，让宝宝决定要买什么东西，并在货架上找到它。

> 小贴士
>
> 出门散步或玩耍时，让宝宝来决定时间如何分配，比如前半小时做什么、后半小时做什么，增强宝宝自己做决定和计划的意识。

本周互动

故事分享大会

在给宝宝洗澡或擦护肤乳的时候，跟宝宝一起互相讲故事，大人先讲一个，然后由宝宝讲一个。

> 小贴士
>
> 不用期待宝宝讲完整的故事，即使只能说出几个词，不是完整的故事，也是很棒的！

宝宝 3 岁时

- 生理发育速度逐渐变慢，开始发展综合思维能力。
- 基本的生活能够自理，能自主地和朋友交流，表达关心和各种情绪。

陪伴的目标

扩大宝宝的活动圈子，让宝宝接触邻居和朋友，陪伴宝宝建立基本的生活作息习惯，做好上幼儿园的准备。

本周互动

一起画交叉线

大人示范画“十”形交叉线，让宝宝模仿（只要有两条线交叉即可）。

本周互动

自己的鞋自己穿

起床时让宝宝自己穿鞋；出门前，和宝宝并排坐，比赛谁穿鞋速度更快。

小贴士

除了穿鞋，也可以鼓励宝宝自己扣扣子、穿衣服，培养宝宝照顾自己的能力和意识。

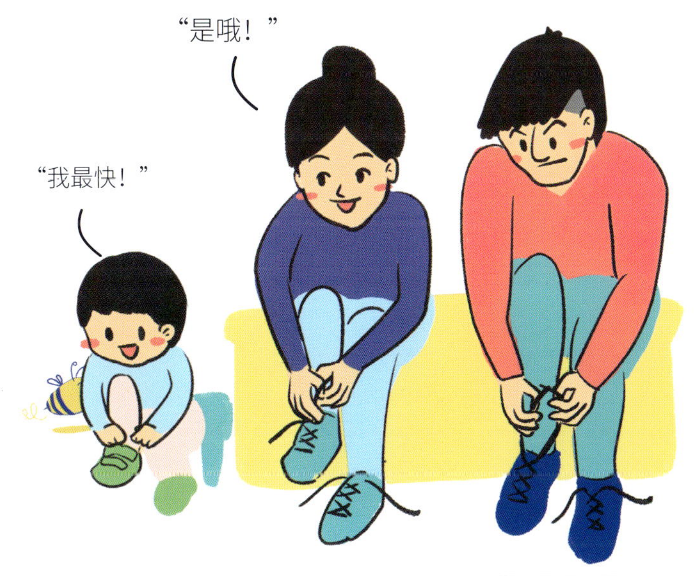

宝宝 3 岁时

- 生理发育速度逐渐变慢，开始发展综合思维能力。
- 基本的生活能够自理，能自主地和朋友交流，表达关心和各种情绪。

陪伴的目标

扩大宝宝的活动圈子，让宝宝接触邻居和朋友，陪伴宝宝建立基本的生活作息习惯，做好上幼儿园的准备。

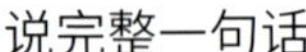

说完整一句话

本周互动

平地换脚跳

跟宝宝玩“换脚跳”游戏，由大人示范在安全的平地上双脚交替跳，再鼓励宝宝模仿。

本周互动

看图讲故事

跟宝宝一起看图，跟宝宝一起讨论每张上面是什么。

小贴士

3 岁的宝宝，最重要的任务仍然是“玩”，包括自己一个人玩，以及跟其他孩子玩耍，获得社交技能。家长无需过早让宝宝开始“学习知识”。

36个月

宝宝 3 岁时

○ 生理发育速度逐渐变慢，开始发展综合思维能力。
○ 基本的生活能够自理，能自主地和朋友交流，表达关心和各种情绪。

陪伴的目标

扩大宝宝的活动圈子，让宝宝接触邻居和朋友，陪伴宝宝建立基本的生活作息习惯，做好上幼儿园的准备。

36个月

我家的“小大人”

妈妈的梳妆台，爸爸的工具箱，
如同神秘的探宝地带，
引发“小大人”们的好奇心！

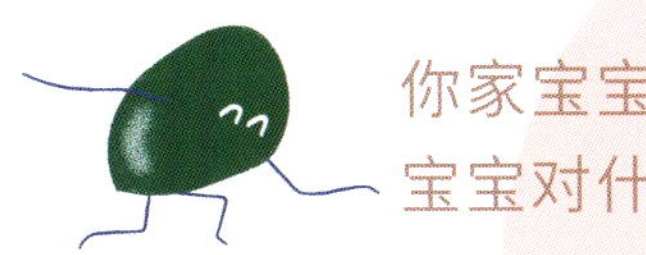

你家宝宝喜欢什么？
宝宝对什么充满好奇？

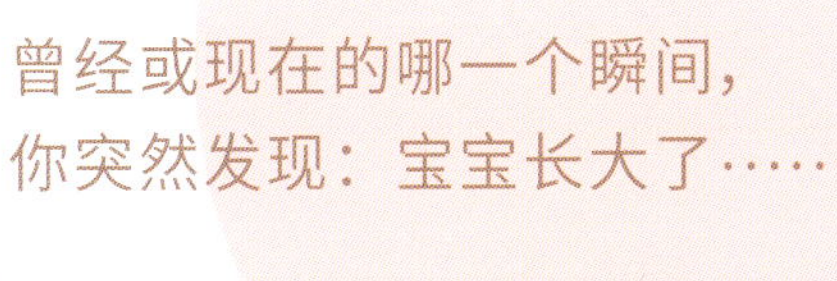

曾经或现在的哪一个瞬间，
你突然发现：宝宝长大了……

m

1000^+天的同行，

1000^+天童行陪伴，

希望您和您的家人们

都能喜欢这一次

独一无二的旅程

70 年品质，乐护新生

妙思乐诞生于 1950 年，由专业医药背景的法国科延公司所创立，是法国 No.1 婴童洗护品牌。成立 73 年来，妙思乐的使命始终如一：做父母们强大的后盾，让他们的育儿生活更加轻松。

国之倡导，责任先行

中国“十四五”规划中提出了对早期儿童发展的关注，提倡更多以家庭为主对婴幼儿进行照护，到 2025 年，婴幼儿照护服务的政策法规体系和标准规范体系基本健全，多元化、多样化、覆盖城乡的婴幼儿照护服务体系基本形成，婴幼儿照护服务水平将得到明显提升。

三重妙思，“童行”成长

儿童早期发展是未来接受教育和终身学习的基石，妙思乐结合早期发展专家和智库的专业性、知识及教育（养育）理念的前瞻性、中国家庭特点及不同地区文化背景下养育者们的能力程度，将 0—3 岁婴幼儿互动内容化为“童行 1000 天”亲子互动手册，不仅细致呵护婴幼儿的每一天，同样也让新生代父母更好的体会伴随宝宝成长的快乐与美好。

人生最初的 1000 天，开启与世界的初联结。

特别感谢

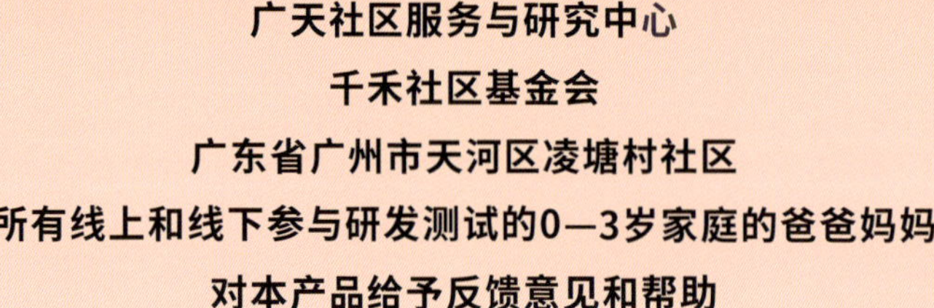

广天社区服务与研究中心

千禾社区基金会

广东省广州市天河区凌塘村社区

所有线上和线下参与研发测试的0—3岁家庭的爸爸妈妈

对本产品给予反馈意见和帮助

微信扫一扫

获取更多知识